KB110806

같은 스물 다른 인생

삼성에서 길을 찾다

같은 스물 다른 인생

삼 성 에 서 길 을 찾 다

이동희 이철준 지음

출판
이안

같은 스물 다른 인생
삼성에서 길을 찾다

초판발행	2019년 2월 7일
2쇄 발행	2019년 3월 22일

지은이	이동희 이철준

펴낸곳	출판이안
펴낸이	이인환
등록	2010년 제2010-4호
편집	이도경 김민주
주소	경기도 이천시 호법면 이섭대천로 191-12
전화	010-2538-8468
제작	세종 PNP
이메일	yakyeo@hanmail.net
SBN	979-11-85772-59-2(03320)
가격	15,000원

이 도서의 국립중앙도서관 출판시도서목록(CIP)은 서지정보유통지원시스템 홈페이지(http://seoji.nl.go.kr)와 국가자료공동목록시스템(http://www.nl.go.kr/kolisnet)에서 이용하실 수 있습니다.(CIP제어번호: CIP2019000209)

* 잘못된 책은 구입한 서점에서 바꿔 드립니다.

* 出版利安은 세상을 이롭게 하고 안정을 추구하는 책을 만들기 위해 심혈을 기울이고 있습니다.

청춘은 무엇이든 좋다
꿈도 희망도 고민도 방황도…

방향만 제대로 잡자
가다 보면 길이 열린다

우리 함께 하자

이 시대의 인재상을
젊은이에게

대학 졸업을 앞두고 삼성그룹에 지원했지만 이병철 회장이 참석한 사장단 면접에서 떨어졌다. 하지만 상심하기 전에 중앙일보에서 연락이 왔다. 사장단 면접에 동참했던 중앙일보 사장이 가능성을 본 몇 명에게 중앙일보 기자 면접에 참여하라고 기회를 준 것이다.

"전공과 무관한 연예오락 기자를 하면 좋을 것 같은데 어때요?"

면접에서 중앙일보 사장께서 내게 제안했다.

'내가 기자를 하려면 사회부나 정치부 기자를 해야지 무슨 연예오락기자?'

나는 속으로 이렇게 생각하고 시큰둥하게 반응했다. 결과는 역시 불합격이었다.

사람에겐 몇 번의 기회가 온다고 한다. 그 기회를 잘 잡은 사람은 성공의 길로 가는 것이고, 그렇지 못한 사람은 또 다른 기회를 잡기 위한 시련의 세월을 보내야 한다. 지금 생각해 보니 그때 사장님의 제안을 받아 들여 연예오락 기자로 입사했으면 지금의 내 모습은 어땠을까?

나는 삼성그룹과 중앙일보 면접에서 떨어지고 바로 외국계 컴퓨터 회사에 들어갔다. 그리고 와신상담 삼성그룹 신입 공채 시험을 기다렸다. 최고의 그룹에서 일하고 싶은 욕심도 있었지만, 무엇보다 면접에서 떨어진 것에 자존심이 상했다.

다시 도전했다. 1차 경험도 있기에 임원면접에서 떨어진 이유를 생각했다. 떨어졌던 면접장의 분위기를 떠올려보았다. 그때 이병철 회장과 사장들이 말보다는 태도나 표정을 유심히 봤다는 생각이 떠올랐다. 당시에는 튀는 인재보다 조직에 충실한 인재를 찾고 있다는 것을 알 수 있었다. 실례로 삼성을 지원한 동기를 묻는 질문 하나만 봐도 그렇다.

"삼성을 왜 지원하게 되었나요?"
"삼성은 인재를 중시하고 능력을 최우선으로 하는 기업으로 알고 있습니다. 제 능력을 최대한 발휘하여 삼성에서 사장이 되기 위해 지원했습니다."

나는 떨어진 면접에서 이렇게 호기있게 대답했다. 도전정신과 자신감을 보이면 좋은 평가를 받을 것으로 알았다. 하지만 그것은 착각이었다. 그래서 다음 면접에서는 다르게 준비하고 들어갔다. 삼성에서 원하는 인재상을 제시한 것이다.

"삼성에 지원하게 된 동기가 뭔가요?"

"삼성은 인재를 키우고 능력을 중시하는 기업으로 들었습니다. 합격이 된다면 최선의 노력을 다하여 회사가 요구하는 인재로 거듭날 것이며, 삼성의 발전이 나의 발전이요 나의 발전이 삼성의 발전임을 알고 회사를 위해 최대한 노력하겠습니다."

나는 1983년 6월 공채 24기로 삼성그룹에 입사했다. 이후 삼성에서 27년 근무하고, 협력회사 대표로 6년을 근무하면서 삼성과 33년의 인연을 맺고 살아왔다. 또한 나는 삼성에서 훌륭한 사장님들을 가깝게 자주 접했다.

야전사령관처럼 밀어붙이고 호령하는 스타일, 학자처럼 이론과 논리적으로 토론하는 스타일, 자기만의 색깔을 가지고 항상 이벤트를 만들어 이슈를 제기하고 캐치 프레이즈를 만들어 나가는 스타일, 부드럽고 젠틀하며 전혀 거리감이 없는 스타일 등등.

각자 특성이 다른 리더를 모시면서, 리더마다 스타일에 따라 고유의 특성과 장점을 많이 갖고 있다는 것을 체득할 수 있었다. 자연스레 인재는 자기의 장점을 살려나가면서 본인이 잘 하는 분야에서 자신만의 스토리를 만들어 가는 사람이라고 확신하기 시작했다.

"학생들이 사회에 진출하려면 무슨 준비를 어떻게 하도록 해야 할까?"

교수로 재직하면서 학생들에게 어떻게 훌륭한 인재상을 제시할까에 대해 고민하던 중에 삼성그룹에서 함께 근무하다 대학에서 학생들을 가르치고 있는 동료교수와 뜻이 맞아 이 책을 발간하기로 했다.

모쪼록 지금 강단에서 나에게 직접 배우는 학생들뿐만 아니라 동시대를 살아가는 젊은이들에게 조금이나마 도움이 되었으면 하는 바람을 담아 본다.

2019년 1월 정릉에서
국민대학교 교수 이동희

아빠의 마음을
두 아들에게 전하는 마음으로

인생이 아름다운 건 오늘보다 내일이 더 좋아 질 수 있다는 희망이 있기 때문이다. 내일이 불행하다면 인생은 지옥이다. 그래서 행복한 내일을 위해 열심히 노력한다.

언제부터인가 우리 사회는 이런 믿음에 균열이 생기기 시작했다. 더 이상 '개천에서 용났다'는 말을 듣기가 어려워졌다. 미래가 좋아지리라는 희망으로 노력하기보다는 현실에 좌절하고 불편한 대로 안주하려는 경향이 나타났다. 급속한 사회변화와 부의 양극화 현상으로 금수저, 흙수저를 논하며 분노하는 일부 젊은이들이 헬조선을 입에 달고 있다.

모든 게 불확실하기 때문이다. 4차 산업혁명 시대가 일자리 감소를 불러오며 불안감을 가중시킨다. 모두가 워라밸을 외치며 안정된 직장을 선호하지만 현실적으로 평생 안정된 직장은 점점 사라지고 있다.

어떤 직장이든 누구나 언젠가는 떠나야 한다. 직장은 나를 안정적으로 보호해 주기도 하지만 안주할 수 있는 곳이 아니다. 직장은 일과 직무를 통해 경력을 쌓고 인맥을 넓히고 자신의 능력을 발휘하는 곳이다. 이를 통해 경제적 가치를 창출하며 자신을 한 단계 업그레이드하며 완성해 나가는 곳이어야 한다.

이제는 '내 인생의 주인'으로 살아야 하는 이유를 생각해 볼 때다. 그 어느 때보다 눈앞에 펼쳐지는 사회 변화를 두려워하기보다 기회의 무대로 바라보는 태도가 필요한 때다. 학교에서도 전공지식뿐만 아니라 청년대학생들이 자기주도적인 삶을 살아가도록 지도해야 한다.

나는 31년간 삼성에서 지낸 4년차 대학교수다. 도덕적 측면에서 삼성을 질타하는 소리도 높지만 오늘날 초일류기업 삼성은 우리나라 대표기업으로 자리잡고 있다. 삼성이 이렇게 성장하기까지는 일반인들이 모르는 엄청난 변화를 통한 혁신의 노력이 있었다. 이런 노력이 현재 삼성에 근무 중인 임직원들에게조차 신화처럼 들린다는 현실이 아쉽다. 그 동안 삼성의 변화 노력이 시사하는 바를 강의실이나 연구실에서 학생들에게 접목시키고자 했던 말들을 더 많은 청년 대학생들에게 전해 주고 싶었다.

이 책은 3개 PART로 구성되어 있다.

PART I은 4차 산업혁명 시대로 접어드는 현실에서 일어나는 변화현상과 그 변화가 미칠 영향을 다양한 각도에서 살펴보았다. 그리고 변화의 위협을 기회로 전환하여 세계 속의 초일류기업으로 성장한 삼성의 변화노력을 살펴보았다.

PART II는 삼성이 초일류기업으로 성장하기까지의 변화노력 중 지금도 유효한 것들을 선별해서 청년대학생들이 성공 DNA로 받아들이는 방안을 제시해 보았다.

PART III는 대학에서 학생들을 가르치는 교수로서 청년대학생들이 더 좋은 미래를 실현하기 위한 실천방법을 제시해 보았다.

세상에서 살아남는 종은 가장 강한 종이 아니라 환경변화에 적응하는
종이다. - 찰스 다윈

글로벌 사회의 급격한 변화에 대한 적응은 선택이 아닌 필수다.

인생은 단 한번 주어지는 여행이다. 희망을 갖고 노력하면 오늘보다 더 나은 내일을 살 수 있다는 말은 여전히 유효하다.

점점 힘들어 지는 취업난 속에서 당신이 아무리 암울한 현실에 직면해 있어도 '꿈과 희망을 갖고 할 수 있다는 자신감'을 갖게 해주고자 나의 두 아들에게 전하는 간절한 마음으로 이 책을 쓴다.

2019년 1월 대전 계룡산 자락에서
국립한밭대학교 교수 이철준

PART II 삼성의 성공 DNA에서 길을 찾자

함께 풀어가는 대학생활

PART I

지금 나는 어디로 가고 있는가?

세상에 변하지 않는 것이 없다는 말 이외에 변하지 않는 것은 없다.
모든 것이 변하는 시대에 청년대학생들은 변화의 위협을 두려워하기보다
현실을 직시하고, 변화 속에서 기회를 찾는 자세로 대응해야 한다.

"미래에 변하지 않는 것에 초점을 맞춰라!'
Focus on what does not change in the future.

- 아마존 CEO, Jeffrey Preston Bezos

지금 일어나고 있는 변화를 살펴보고 그 변화를 기회로 활용한
삼성의 성공DNA를 알아보자.

1강

변한다, 모든 것이 변한다

도대체 얼마짜리 피자를 먹은 건가?

"피자 2판을 배달해주면 비트코인 1만 개(1만 BTC)를 주겠다."

2010년 5월 18일 미국 플로리다 주에 사는 한 프로그래머가 인터넷 비트코인 포럼에 이런 글을 올렸는데 실제로 거래가 성사됐다는 2017년 5월24일 중앙일보 기사다. 그가 피자 2판의 대가로 제안한 1만 비트코인은 2010년 당시에는 약 41달러의 가치였다. 2017년 5월 시세로는 2,200만 달러 약 247억 원에 달한다. 피자 1판을 123억 5,000만 원에 사먹은 셈이다.

비트코인의 미래 가치를 예측하지 못한 이 프로그래머는 세상에서 가장 비싼 피자를 사 먹은 사람이 됐다.

비트코인은 2009년 1월 정체불명의 프로그래머 나가모토 사토시가 블록체인(Block chain)이란 IT기술을 이용해 개발한 중앙집중적인 통제를 배제한 화폐 시스템이다. 실제로 손에 쥘 수 있는 돈은 아니지만 물건을 사거나 서비스 이용료로 결제할 수 있는 온라인에서 활용되는 가상화폐다. 법적으로 인정된 화폐가 아니기에 가상화폐라는 표현보다는 블록체인기술에 의한 암호화폐라는 말이 더 적합한 표현일 수도 있다. 그래서 일부에서는 비트코인을 암호자산으로 바꾸자는 주장도 있다.

2017년 한때 1비트코인이 2,000만 원을 돌파하기도 했다. 비트코인으로 누군가 일확천금의 꿈을 이뤘다는 소문도 돌았다. 국내외 매스컴이 보도하면서 직장인은 물론 주부, 대학생들까지 비트코인 투자에 나섰다. 실제로 큰돈을 번 사람이 있는가 하면, 큰 손실로 실의에 빠진 사람들도 많았다.

가상화폐는 비트코인, 이더리움, 리플 등 종류도 엄청나게 증가하며 계속 변화하고 있다. 2017년 한 해만도 가상화폐 600여 종이 새로 만들어 졌고, 이러한 가상화폐를 실시간으로 평가하고 거래하는 앱 또한 많이 생겨났다.

가상화폐는 워낙 변화가 빠르고 투기 수단으로 이용되기도 하여 국가마다 바라보는 시각과 대처는 다르게 나타나고 있다. 가상화폐의 매매에 세금 부과여부 등 국가마다 가상화폐에 관한 법 적용이 그렇다.

중국과 우리나라 정부는 2017년 9월, 가상화폐를 발행하고 이를 투자자에게 판매해 자금을 마련하는 ICO(Iinitial Coin Offering)를 불법으로 간주하고 전면 금지시켰다. 하지만 싱가폴 등에서는 ICO에 의한 투자가 합법적으로 활발하게 이루어지고 있다.

우리나라의 이런 현상을 구한말 흥선대원군의 쇄국정치에 빗대며 시대흐름을 역행한다고 지적하는 이들도 있다. 세계에서 상위권의 블록체인 기술보유 국가에서 법적 규제로 사업화가 활성화되지 못하는 안타까운 현상이라는 주장도 설득력을 얻고 있다.

앞으로 블록체인은 탈중앙화 응용프로그램을 지향하는 IT기술로 가상화폐뿐만 아니라 중간 매개역할을 필요로 하는 모든 산업, 즉 물류산업, 국가별 외환거래, 광고시장 등 다양한 기존산업에 파괴적이고 혁신적인 변화를 일으킬 것으로 전망된다.

청년대학생들은 블록체인 기술에 의해 탄생한 가상화폐뿐만 아니라 그 원천기술인 블록체인 기술에 의한 사회변화를 간과해서는 안 된다. 인공지능, 빅데이터 등과 함께 사회변화를 주도해 나갈 기술이기 때문이다.

대학에서는 뭘 배운 거야?

"아니, 신입사원이 일을 맡기면 검색만 하고 앉아 있는데 도대체 대학
에서는 뭘 배운 거야?"

삼성에서 대학교수로 자리를 옮겼다는 것을 알고, 동료 삼성출신
중견기업의 경영자가 한 말이다. 요즘 신입사원들은 일을 맡기면
해결은 못하고 검색만 하고 있다며 안타까워했다. 그러면서 제발
대학에서 업무실행 훈련을 시켜 보내야 한다고 하였다.

경영학 교수인 나는 국문학 교수와 함께 '팀팀클라스' 과정을 개
설했다. 경영학의 리더십과 국문학의 고전문학을 통합하여 '과거
현재 미래 리더십의 현대적 고찰'이라는 통합 과목을 개설하여 운
영하면서 학생들이 주어진 과제를 해결해 가는 과정을 경험하도록
한 것이다. 일방적으로 강의를 듣는 수업이 아니라, 학생들이 그룹
별로 사전에 주어진 과제를 찾아보고 연구해서 서로의 생각을 얘
기하며 협력하는 소통의 강의실을 만들면서 학생들이 주도적으로
수업을 이끌어 가게 했다.

사회는 '검색의 시대'가 아니라 '실천의 시대'다. 눈앞에 펼쳐지는

인공지능 시대는 누구나 검색할 수 있는 '지식의 인재'가 필요한 것이 아니라 활용과 실천을 통한 문제해결 능력을 발휘하는 '문제해결형 인재'를 필요로 하고 있다.

"문제해결 능력을 키우자!"

"참여, 협력, 소통, 개방을 통하여!"

'문제해결 능력'을 필요로 하는 시대에 부응하여 많은 대학에서는 온라인 공개강좌인 무크(MOOC: Massive Open Online Courses), 플립러닝(Flipped Learning), 액션러닝(Action Learning), 팀기반 학습 등 학생들의 능동적인 참여와 쌍방향 소통이 가능한 학습 시스템을 도입하고 있다. 강의는 인터넷으로 듣고 수업에 참여하여 강의실에서는 토론위주로 수업을 진행하는 것이다. 또한 창업 교육, 멘토링, 경진대회 등의 다양한 학교 프로그램에 많은 학생들을 참여시켜 협력과 소통을 경험하도록 함으로써 문제해결 능력을 키워주는 프로그램을 적극적으로 도입하고 있다.

학생들이 팀을 이뤄 밤새워 구상한 여러 아이디어 중에서 실현 가능한 것은 당장 실행하기도 한다. 이는 졸업 후 기업에 들어가서도 새로운 사업에 대한 사업계획서 수립 및 문제해결 능력을 함양하는데 많은 도움을 주고 있다.

현재 많은 대학에서 시도하고 있는 창의적 인재를 양성하기 위한 트리즈(TRIZ) 교육, 다학제 융합캡스톤디자인 과정, 여러 과목을 통합하는 팀팀클라스 등은 학생들의 역량개발에 큰 도움을 주고 있다.

대학은 더 많은 변화를 시도하고 있다. 요즘은 지식수명이 워낙 짧아 학과개편이나 학제개편 등으로는 변화를 따라가기가 힘들다. 이런 환경에 대응하여 이미 부전공이나 복수전공은 물론 융합전공, 연계전공, 산학연계전공 등 다중전공제도를 도입해서 운영 중이다.

더 나아가 일부 대학에서는 '자율전공제도'를 운영 중이다. 이 제도는 학생들이 스스로 졸업학점 내에서 교과과정을 구성하여 지도교수의 승인을 받으면 졸업할 수 있는 제도이다. 대학의 기존자원으로 환경변화와 시장수요에 맞게 빠르게 대응하려는 접근 방법이다.

청년대학생은 변화하는 대학에 맞춰 참여, 협력, 소통, 개방을 통하여 문제해결 능력을 키워나가야 한다.

애써 공부한 지식이 필요 없어진다?

"한국 학생들은 하루 10시간 이상을 학교와 학원에서 자신들이 살아갈 미래에 필요하지도 않을 지식과 사라질 직업을 위해 아까운 시간을 허비하고 있다." - 앨빈 토플러

한때 청소년들에게 인기 있던 MP3가 스마트폰에 밀려 사라졌다. 지금은 초등학생들도 스마트폰으로 전화뿐만 아니라 인터넷 검색은 물론 동영상 시청, 모바일 게임, 사진촬영, 쇼핑, 음악듣기, 웹툰보기, 웹서핑, 콜택시 부르기 등을 즐긴다.

우리나라 국민이 TV를 시청하는 시간보다 스마트폰을 보는 시간이 많아진 건 수년 전이다. PC로 온라인 쇼핑몰을 이용하는 인구보다 스마트폰으로 모바일 쇼핑을 하는 인구가 더 많아졌다.

정보통신기술의 발달로 우리 일상은 급속도로 편리하게 변했다. 정보통신분야의 발달과 더불어 정치, 경제, 사회, 문화적인 환경은 물론 지식, 직업, 이를 위한 교육시스템 등 모든 것은 변해 왔다. 앞으로 더욱 급속히 변할 것이다.

국제사회의 변화는 더욱 빠르다. 얼마 전까지만 해도 '메이드 인

차이나(Made in china)'의 생산국으로 인식되었던 중국이 지금은 '메이드 포 차이나(Made for china)'의 소비시장으로 변하고 있다. 세계적인 기업들이 중국인에게 통하는 고가의 명품 브랜드를 창조하려고 안간힘을 쓰고 있다.

중국은 자본가로도 급부상하고 있다. 국제사회에서 인해전술(人海戰術)보다 위력이 큰 '쩐의 전쟁'인 전해전술(錢海戰術)로 힘을 발휘하고 있다. 제주도의 막대한 토지를 매입하여 호텔, 면세점 등을 운영함으로써 우리나라에 미치는 폐해가 커지고 있다. 서울 연희동, 홍대입구 등 지역 상권도 중국인의 부동산 매입규모가 엄청나다. 더 나아가 우리나라의 산업체 공장 인수까지도 넘보고 있는 현실이다.

업(業)의 개념도 시대에 따라 큰 변화를 이룬다. 과거에 시계 산업은 정밀기계 산업이었다. 이후 조립 양산업이 되었고 지금은 패션 산업으로 변했다. 자동차 산업은 과거 기계 산업이었다. 그러나 지금은 첨단 ICT(Information and Communications Technology), 전자 산업에 가깝다.

반도체 산업은 과거 첨단기술 산업이었다. 지금은 세계 최고의 반도체 생산업체로 성장한 삼성전자는 반도체 산업을 경쟁사와의 경쟁에서 이기기 위한 과감한 투자를 언제 할지가 성패를 가르는 타이밍업이라고 정의한 바 있다.

학교도 변한다. 과거의 시립대, 산업대, 전문대 등이 과기대(과학기술대) 등으로 명칭을 바꿨다. 명칭뿐인가? 커리큘럼도 이름에 걸맞게 발전지향적으로 바뀌었다. 미네르바 대학에서는 수업을 '듣는다'고 하지 않고 '참여한다'고 표현한다. 일방적인 교수의 강의가 아닌 학생들간에 열띤 토론수업이기 때문이다. 이제 대학 강의실에서도 강의보다 토론식 수업으로 변하고 있다.

학교의 존재가치도 변화를 요구받고 있다. 전국 380여개 대학 중 대부분의 대학에 진로상담사 배치, '진로설계' 관련 교과목 신설 등이 이뤄지고 있다. 대학에서 취업을 무시할 수 없는 상황이 되었다. 교육부 주도로 대학 구조조정 평가가 진행 중이다. 2018년 대학기본 역량진단을 실시하여 3개 그룹으로 분류하여 하위그룹의 대학은 정부지원을 줄여 통폐합이나 폐교를 유도하고 있다. 학령인구 감소로 자연 도태되는 대학뿐만 아니라 정부의 인위적인 조정으로 도태되는 대학이 늘어나고 있다.

학교에서 배우는 공부 내용도 변한다. 현재의 고등교육은 19세기에 만들어져 산업사회가 주류였던 20세기까지 통했다. 그러나 4차 산업혁명 시대의 도래로 인공지능, 빅데이터, 바이오, 로봇, 나

노기술 등의 발전으로 세상이 10~20년 뒤 어떤 기술이 생겨날지 모른다. 그래서 애써 공부한 지식은 시간이 지나면서 쓸모없는 지식이 되어 버릴 수 있는 현실이 되었다.

누구에게 물어봐야 하나?

"누구도 말해주는 사람이 없네."

고등학교와 달리 대학교는 매일 아침 담임선생님의 조회와 일과 후 종례가 없다. 하루의 시작과 끝을 정리해 주는 사람이 없어 모든 것을 스스로 해야 하는 상황으로 변했다.

대학생은 눈에 보이지 않는 변화에 적응해야 한다. 그렇다면 눈에 보이지 않는 변화에는 무엇이 있는가?

먼저 학교생활의 목표가 변했다. 신입생 시절부터 목적지향적인 사고와 자기주도적인 행동을 필요로 한다. 대학입학이 목표였던 고등학교 시절의 사고에서 벗어나야 한다.

그런데 대학에 입학하면 대학생활의 목표가 무엇인지, 어떻게 설정하는지 등에 대해 알려주는 사람이 없다. 이제 성인이 되었으니 알아서 하라는 식이다.

대학 진학은 그 자체가 목적이 아니라 인생에서 하고자 하는 목적을 달성하기 위해 지식을 쌓고 경험하는 수단 활동을 하는 준비기간임을 잊지 말자.

대학 졸업 후에 깊이 있는 학문을 연구하기 위해 대학원 진학을 할지, 기업가 정신을 발휘하여 창업을 할지, 아니면 취업을 할지를 자기주도적으로 정해야 한다.

취업을 하기로 했으면 자신에게 적합한 직무가 무엇인지를 알아야 한다. 자신에게 맞는 직업군과 기업 또는 공기업을 구체적으로 선택해야 한다. 현실에서는 이러한 것에 대해 누구도 명확하게 알려주지 않는다. 결국 본인 스스로 찾고 해결해야 한다.

따라서 자신의 전공적합성 점검은 물론 전공과목 외에도 시대변화에 부응하고 자신을 차별화할 수 있는 융합전공 등을 고려해야 한다. 또한 폭넓은 대학생활로 동아리 활동, 직무관련 아르바이트, 교내외 공모전 등 다양한 경험을 통해 시야를 넓힐 필요가 있다. 아울러 사회를 이해하고 폭넓은 경제상식 등을 쌓는 노력이 필요하다.

이밖에 공부의 대상이나 방법, 요구 받는 태도, 사회에 대한 입

장, 생활의 주도권, 대인관계, 여가시간 활용 등 변화에 따른 자기
정체성을 확인하려는 노력이 필요하다.

🦴 250명이 2명으로 줄었다고?

"250명이 2명으로 줄다니!"

어느 대기업의 가전기기 생산공장에는 250명이 일했는데, IT기
술을 이용한 컴퓨터시스템 개발과 생산자동화를 실현한 스마트팩
토리로 수년 전부터 2명이 일하고 있다.

데이터센터를 운영하는 어느 IT기업에서는 300명의 외주업체 직
원이 수행하던 단순 작업을 업무 프로세스 개선과 컴퓨터시스템
개발로 외주직원을 모두 없애고 기존의 정규직원들이 일을 나눠
수행하고 있다.

1인가구의 증가에 따라 소비시장도 변하고 있다. 24시간 편의점
에는 1인가구를 타깃으로 한 먹거리, 생활용품 등이 홍수를 이룬

다. 상품 판매뿐만 아니라 택배 수령, 버스카드 충전, 은행업무 심지어 일부 매장에서는 세탁기능 서비스까지 하며 날로 진화하고 있다.

과거에는 결혼을 당연히 해야 하는 것으로 인식했다. 지금은 결혼은 안 해도 좋다는 가치관이 팽배해지고 있다. 불과 10여년 전만 해도 30세가 넘으면 노처녀 소리를 들어야 했다. 그런데 지금은 여성의 평균 결혼연령이 32세다. 지금 30세의 여성을 노처녀라고 불렀다가는 이상한 사람 취급을 받을 수 있다.

어떤 변화에 의한 연쇄적 현상은 또 다른 변화를 야기시키며 고정관념 자체를 무너트린다. 이제는 맹목적으로 열심히 하고 최선을 다 한다고 성공이 보장되는 사회가 아니다.

세상은 과거의 연장선상에서 생각하고 판단할 수 없는 시대가 되었다. 섣불리 자신의 현재를 평가하거나 판단하고 미래를 예측하려 해서는 안 된다. 새로운 시작을 위한 각오와 준비도 기존의 방식과 전혀 다른 방법이 필요하다.

🔗 공유하면 되는데 왜 사?

"전통 자동차 업체들은 조만간 IT 기업의 단순한 부품 공급업체에 불
과한 처지로 전락할 수도 있다." - 미국 포브스 지

최근 자동차 산업의 트렌드를 그대로 함축한 말이다. 실로 무서
운 말이다. 현대자동차, GM, 토요타, 벤츠, BMW 등 전통적인 자
동차 제조사가 구글, 아마존, 마이크로소프트사 등과 같은 IT기업
의 하청업체로 될 수 있다는 말이다.

1990년대 중반 삼성그룹의 이건희 회장은 자동차 산업을 기계산
업이 아닌 전자사업이라고 해서 주변 사람들에게 빈축을 샀다. 하
지만 지금은 자동차 산업이 기계산업에서 첨단 전자산업이 된 지
오래다. 이제 자동차는 소프트웨어에 의해 움직이는 첨단 IT산업으
로 진화하고 있다.

"향후 자동차 산업은 전기자동차와 자율주행, 그리고 차량 공유가 뒤
흔들 것이다. 자율주행차 시대에는 사람이 자동차를 보유할 필요가
없어지고, 차량공유 서비스를 통해 무인 자동차가 사람을 실어 나르
게 될 것이며, 그 동력으로 휘발유가 아니라 전기가 사용될 것이다."
- 애플 CEO 팀쿡

● 전기자동차의 대중화

전기자동차의 선두기업은 미국의 테슬라 자동차(Tesla Motors)
다. 테슬라 자동차는 2017년 5월 한국시장에도 진출하여 한국 자
동차 시장 및 관련산업에 변화를 예고했다. 2017년 4월 경기 하남
스타필드 매장과 서울 강남 청담동 매장을 개장하며 판매에 돌입
했다. 국내에는 테슬라 외에 현대자동차 아이오닉EV, 니로EV, 코
나EV, 기아자동차 쏘울EV, 쉐보레 볼트EV, 르노삼성 SM3 Z.E 등의
전기자동차가 출시되어 운행되고 있는 초기단계다. 충전시설 및
인프라 시설 부족으로 미국이나 유럽에 비해 보급 현황은 태동기
수준에 머물러 있다. 이제 인프라만 갖춰진다면 단기간에 보급이
폭발적으로 늘어날 전망이다. 유럽에서는 2018년 8월 기준으로 전
기자동차 누적 판매대수가 100만대를 돌파했다. 상반기에만 40%
가 증가했다.

전기자동차가 대중화될 때 파급 영향은 상상 이상이다. 주유소
대신 전기 충전소가 대체할 것이다. 연료(가솔린, 경유, LPG) 생산
업체는 자동차 시장을 잃을 것이다. 엔진오일 등 수많은 소모품 생
산업체도 생산품목 변경이 불가피하다. 현대자동차, 기아자동차
등 기존 자동차 회사와 그 협력업체, 그리고 자동차 정비업소의 종

업원, 기술자들은 생산품목 조정과 함께 일자리를 잃거나 새로운 기술을 배워야 한다.

● 자율주행 자동차의 상용화

자율주행 자동차는 어떤가? 2025년 60만 대에서 2035년 2,100만 대로 세계시장에서 비약적인 증가를 예측하고 있다. 자율주행 자동차가 보편화되어 대중화될 때 일어날 일을 상상해 보자.

퇴근 후 택시를 타고 집에 가기 위해 카카오 택시를 부른다. 자율주행 택시가 와서 목적지까지 데려다 준다. 요금은 사전에 등록한 신용카드로 결재된다. 택시에서 내린 후 카카오 자율주행 택시는 또 다른 손님을 태우러 가거나, 차고지로 돌아간다.

언젠가 실현될 모습이다. 이런 사회가 된다면 당장 택시기사라는 직업은 사라질 것이다.

지금의 우버 택시가 그 전형이다. 우버는 자사 차량을 전세계에 단 한 대도 보유하고 있지 않다. 그럼에도 우버는 2018년 700억 달러(약 80조원)의 기업 가치를 인정받는 글로벌 기업이다.

현재 우리나라에서 우버는 불법이다. 기존의 택시기사 등 이해

관계자들이 반대해서 생긴 현상이다. 하지만 시간상의 문제가 있을 뿐 언젠가는 우버 택시와 같은 형태의 택시가 한국에서도 시행될 것이다. 이제라도 우버 택시를 단계적으로 허용하면서 기존의 택시기사라는 직업 종사자가 안정적으로 다른 직업으로 전환하도록 정책적인 지원이 필요한 건 피할 수 없는 현실이다.

구글은 검색서비스를 제공하는 업으로 시작한 IT기업이다. 그러나 지금은 자율주행차 개발, 세계적인 로봇 기업 인수합병을 통한 로봇사업 등 다양한 업을 수행하는 글로벌 초일류기업이다.

2018년 12월 5일 미국 애리조나 주 피닉스 시에서 구글 웨이오가 자율주행택시 운행 서비스를 세계 최초로 시작했다. 그렇다면 구글은 왜 자율주행 자동차를 개발하는가?

구글이 개발한 자율주행차를 타고 가족이 외식을 하러 가는 상황을 가정해 보자. 메뉴를 정하고 맛집을 찾을 때 우리는 네이버나 다음 등을 검색하고 내비게이션을 이용하여 목적지로 이동한다. 하지만 자율주행차는 굳이 네이버나 다음을 검색할 필요가 없다.

"자장면이 맛있는 집으로 가자."

자율주행차에 타서 한 마디만 하면 자장면이 맛있는 인근 음식점에 도착하게 될 것이다. 음식점에서는 손님을 데려온 것에 대한 보상으로 구글에 커미션을 지불해야 할지도 모른다.

구글이 자율주행 자동차 시장에 뛰어드는 이유 중에 하나가 여기에 있다고 할 수 있지 않을까?

● 차량 공유의 시대

차량공유는 이미 상당히 보편화되어 있다. 미국에는 집카(Zipcar), 리프트(Lift) 등 굴지의 차량공유 서비스 업체가 많다. 우리나라도 이미 정착되고 있다. 2012년 3월 카셰어링 서비스 사회 혁신기업으로 쏘카(SOCAR)가 탄생한 이후 서울지역 외에 2013년 대구, 경산, 울산, 양산, 김해, 창원 지역에 서비스를 오픈했다. 이후 2018년 국내 83개 도시에 3,200여 지점을 운영하며 업계 최초로 360만 회원을 돌파했다.

전기자동차와 자율주행자동차, 차량공유는 편의상 변화의 흐름을 보기 위해 각각 살펴본 것이다. 조만간 세 가지가 융합적으로 한꺼번에 우리에게 다가올 수 있다.

로봇으로부터 안녕할 사람은?

세상에서 노동인구당 로봇이 가장 많은 나라는 어디일까?

놀라지 말라.

바로 우리나라 대한민국이다.

국제로봇협회에서 2017년 발표한 제조업 직원 1만 명당 산업용 로봇의 통계자료를 보면 한국 710대, 싱가포르 658대, 독일 322대, 일본 308대, 스웨덴 240대, 덴마크 230대, 미국 200대, 중국 97대 등으로 우리나라가 현저히 많게 나타났다.

로봇은 이미 공장의 제조현장 등 각종 산업현장에서 대량생산의 첨병으로 활약하고 있다. 또한 유통서비스 분야 및 외식산업 등 일상에 보급된 로봇의 수는 헤아리기조차 어려울 정도다.

로봇은 산업현장에서 자동화를 위해 도입하는 것으로 생각하는 이들이 많다. 자동화는 생산효율성 증대, 서비스 증대 등의 목적으로 이루어지기에 고임금, 고비용 분야에서 더 많이 이뤄지는 것이 사실이다. 그래서 인건비가 높고 생산공장이 많은 미국이나, 독일,

일본 등에 로봇이 가장 많을 것으로 생각하는 이들이 많다.

로봇을 통한 자동화가 미국, 독일, 일본보다 우리나라가 월등히 많다는 건 결국 우리의 생산비용구조가 그 나라들보다 높다는 것과 노동시장의 수급이 원활치 못하다는 것을 보여주는 것이다.

로봇에 의해 인간의 일자리가 감소되는 측면에서 보면, 이 땅의 청년대학생들이 사회에 진출할 때는 고용 시장에 큰 구조변화가 있을 것으로 예측할 수 있다.

20세기 초 미국 노동인구는 50%가 농업에 종사했다. 하지만 농기구의 기계화로 농업에 종사하던 노동인구는 일자리를 잃고 도시로 진출했고, 이중 상당수는 제조업에 종사하게 되었다.

이제 로봇의 진화로 제조업에 종사하는 사람들이 또 다른 곳으로 밀려날 처지에 놓였다. 그렇다면 이제 어디로 밀려나게 될 것인가?

이런 변화의 피해자는 제조업에 종사하는 블루칼라만의 문제가 아니다. 인공지능로봇에 의해 사무실에서 근무하는 화이트칼라의 처지도 마찬가지다.

로봇의 진화로 인간의 일자리는 이대로 소멸될 것인가? 인간은 실업자로 전락할 수밖에 없는 것인가?

이런 질문에 청년대학생들은 당황하지 말고 변화의 흐름을 냉철하게 관찰하여 자신의 직업, 직무를 슬기롭게 선택해야 할 것이다.

노인은 늘고, 아이들은 줄고

"인구가 줄고, 어린 아이들보다 노인이 많은 세상이 되면 어떤 변화가 일어날까?"

우리나라는 현재 생산가능인구(15세~64세) 대비 65세 이상 인구 비율이 20% 미만이지만 수년 후에는 70%로 증가한다. 2016년 생산가능인구는 3,763만 명을 정점으로 이후 점차 줄어들고 있다. 고령인구 급증으로 소비둔화와 저성장 사회로 변하고 있다.

아직 경험해 보지 못한 고령화 사회는 좋은 점보다 나쁜 점이 많을 것으로 예측하고 있다.

고령화 사회는 인구절벽으로 이어진다. 인구절벽이란 급격히 인구가 줄어 드는 현상이다. 인구절벽은 소비절벽을 불러온다. 소비절벽은 소비가 급격히 줄어 드는 것으로 저성장을 불러온다. 그러므로 고령화 사회는 곧 우리 사회가 저성장이 장기화되는 경제구조로 바뀌게 된다는 것을 의미한다.

저성장의 장기화로 경기가 나빠지면 기업은 매출향상을 위해 제품이나 서비스 가격을 내릴 수밖에 없다. 물가가 싸지면 일시적으로 살기가 좋아진다고 느낄 수 있다. 그러나 시간이 흐름에도 소비가 줄어들면 기업들은 매출과 이익이 줄어 투자를 할 수 없다.

기업이 투자를 못하면 당연히 신입사원도 최소로 뽑거나 아예 신규채용 자체를 할 수 없다. 기존 사원들의 명예퇴직이나 희망퇴직을 단행한다. 결국 젊은 사람들은 취업하기가 힘들어 진다.

취직을 못한 젊은이들을 자식으로 둔 부모들은 가정을 돌보기 위해 일단 지갑을 닫고 씀씀이를 줄인다. 기업 입장에서는 매출과 이익이 더 줄어든다. 이런 악순환이 반복되면서 경기는 하향침체로 들어선다.

정부도 기업이나 국민들로부터 거둬들이는 세금이 줄어든다. 세수가 줄어들면 국민을 위한 복지정책도 축소할 수밖에 없다.

인구감소 특히 생산가능인구의 감소는 인구학적 문제뿐만 아니라 경제에 미치는 나쁜 영향으로 미래사회에 진출할 청년대학생들에게 많은 숙제를 안기고 있다.

✦ 삼성이 일본 기업이라고?

삼성SDS에서 2001년 마케팅 업무를 담당할 때의 일이다. 글로벌 시장에 진출할 소프트웨어 제품을 미국 라스베가스에서 매년 열리는 컴덱스폴(Comdex Fall)이라는 당시 세계 최대 IT분야 전시회에서 제품발표회를 할 때였다. 서울 본사에서 출장 간 대표이사의 기조연설을 시작으로 행사를 잘 치렀다. 하지만 다음날 현지 신문기사를 보고 경악을 금치 못했다. 행사장에서 매스컴 관계자들에게 배포한 퍼블리시티 자료를 근간으로 기사내용 자체는 잘 게재됐다. 하지만 서두에 이런 구절이 놀라게 했다.

"삼성, 도쿄에서 온 CEO…."

당시에 삼성은 이미 글로벌 기업으로 자리 잡고 있었다. 우리는 당연히 삼성을 한국기업으로 알고 있으리라 생각했는데 라스베가스에서 취재한 일부 기자는 삼성을 일본기업으로 알았던 것이다. 행사를 잘 마치고도 상당히 마음 아팠던 추억이다.

"Are you Japanese or Chinese?"

"Korean."

예전에는 해외여행을 할 때 이렇게 답하면 못 알아듣는 경우가 있었다. 하지만 지금은 달라졌다.

"Oh! Korean!"

한국인임을 밝히면 이렇게 환대하는 소리를 듣는 경우가 많아졌다. 이 모든 것이 다 경제발전과 한류 덕분이다.

한류(韓流)는 1996년 한국의 TV드라마가 중국에 수출되고, 이후 가요가 알려지면서 아시아를 중심으로 대한민국의 대중문화가 전 세계에 전파되어 대중들에게 인기리에 소비되고 있는 현상을 가리키는 말이다. 이제는 아시아를 넘어 유럽, 중동, 중남미 등 전세계로 흘러 넘치고 있다.

2002년 배용준과 최지우 주연의 TV 드라마 '겨울연가'가 일본에서 폭발적 인기를 끌면서 많은 일본인이 한국을 찾았다. 배용준의 흔적을 따라가기 위한 관광코스가 만들어졌을 정도였는데, 2.5조~3조 원의 경제효과를 가져왔다는 한·일 양국 연구기관의 분석이 나오기도 했다.

이어 K-POP의 기세가 세계인의 가슴을 파고 들었다. 2012년 싸이의 '강남스타일'이 미국 빌보드 싱글차트 핫100차트에서 7주 연속 2위를 차지하면서 유튜브 동영상이 세계적으로 50일 만에 1억뷰를 넘었다. 이후 1년 후 발표한 싸이의 신곡 '젠틀맨'은 유튜브 1억뷰를 단 3일만에 돌파했다.

최근에는 BTS의 '톱소셜아티스트상' 2년 연속 수상, '빌보드 200' 1위, 빌보드 음반 차트 1위, 1억뷰 이상 12곡 보유, 타임지 표지장식 등이 연일 매스컴에 핫뉴스를 쏟아 낸다. BTS는 세계의 젊은 세대를 대표해서 UN본부 회의장에서 안토니우 구테호스 UN사무총장이 기획한 'Youth 2030' 프로그램 중 교육부문 파트너십을 홍보하기 위해 유창한 영어로 7분간 연설하고 폭풍박수를 받기도 했다.

한류는 드라마, 가요, 영화 등 대중문화뿐만 아니라 김치, 고추장, 라면, 화장품 등 한국 제품의 선호현상까지 나타나기 시작했다. 지금은 대중문화뿐만 아니라 한국인과 한국 자체에 애정을 느껴 한국어를 익히려고 한국을 찾는 외국인이 늘고 있다. 한국어과를 신설하는 대학이 증가하는 등 외국학생들에게 한국어 학습열풍을 불러일으키고 있다.

한류는 정부나 그 어떤 단체가 기획하거나 인위적으로 만들어낸 것이 아니다. 세계인들이 국경을 초월하여 K-POP, K-Drama, K-Food, K-Beauty 등을 즐겁고 재미있게 즐기니까 형성된 것이다. 이렇게 형성된 한류는 청년대학생들이 세계 속에 우뚝 설 수 있는 또 다른 많은 기회를 제공할 것이다.

대망의 Asian Highway

"현대글로비스, 시베리아 횡단 화물열차 첫 정기운행!"

2018년 8월 14일, 우리나라 최초로 러시아 극동지역인 블라디보스톡에서 극서지역인 상트페테스브르크까지 1만km를 잇는 시베리아 횡단철도를 주1회 급행화물열차를 운영하며 북방물류사업을 본격화 한다는 신문 기사 타이틀이다.

기존 해상운송으로 43일 걸리는 시간을 부산항~블라디보스톡항 2일, 블라디보스톡 하역, 통관, 환적 8일, 블라디보스톡역~상트페테스브르크 인근 슈샤리역 12일로 줄여 총 22일로 축소시켰다. 수송기간 축소가 저비용으로 실현된다면 물류는 물론 여행객 등 그 수요는 폭발적일 것이다.

1968년에 경부고속도로 착공식이 열렸다. 서울에서 부산을 잇는 428km의 고속도로 공사가 1970년에 완공됐다. 당시 서울-인천 간 고속도로에 이은 두 번째 고속도로 개통이었다. 경부고속도로 개통은 물류 혁신은 물론, 전국을 1일 생활권으로 만들었다. 우리나라가 짧은 시간에 고도압축성장을 이루는 계기를 마련했다.

경부고속도로의 역할을 생각해 보면 시베리아 횡단철도의 정기 운항은 우리 사회에 또 다른 획기적인 변화의 도화선이 될 수 있다.

대북관계에 훈풍이 지속된다면 우리나라는 유라시아의 중심축으로 성장할 수 있다. 북한의 풍부한 노동시장과 남한의 자본이 결합된다면 그 효과는 상상 이상이다. 북한의 풍부한 지하자원을 개발하고, 북한을 새로운 소비시장으로 열 수만 있다면 우리는 다시 한 번 큰 경제성장을 이루게 될 것이다.

지금은 남북의 단절로 생소하게 느껴지지만 유라시아의 광활한 대지와 그 위에 놓인 유럽까지 연결된 철도 인프라는 생각만 해도 우리의 가슴을 설레게 한다.

여기에 도로망까지 연결되는 세상을 상상해 보자. 아시아 대륙 31개국을 연결하는 길이 14만㎞의 국제자동차 도로망인 Asian Highway가 건설된다면 어떤 세상이 펼쳐지겠는가? 이미 경부고속도로에 표지판이 설치된 Asian Highway가 연결되는 것도 시간이 걸릴 뿐이지 언젠가는 현실로 이루어질 것이다.

청년대학생들이 우리 사회의 주축이 되는 날, 유라시아의 중심에 우리가 서있는 변화된 세상이 올 수도 있을 것이다.

Tip. 변한다, 모든 것이 변한다

"한국 학생들은 하루 10시간 이상을 학교와 학원에서 자신들이 살아갈 미래에 필요하지도 않을 지식과 사라질 직업을 위해 아까운 시간을 허비하고 있다." - 앨빈 토플러

무슨 말이 필요하랴!

세상은 변한다. 하루가 다르게 변한다.

자동화로 일자리가 줄어들고, 지능형 로봇과 인공지능의 확산이 일자리를 더욱 위협하고 있다.

변한다, 모든 것은 변한다.

급변하는 시대에 어떻게 할 것인가?

세계화 시대를 맞이하여 그 답을 찾기 위해 지금부터 우리와 함께 해보자.

변화에 편승하기 위한 Big3 키워드

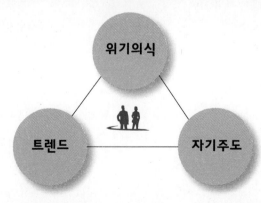

2강

삼성, 변화의 위기를 기회로

1993년, 대한민국을 요동치게 하다.

"마누라와 자식만 빼고 다 바꾸자!"

1993년 6월 7일, 삼성그룹 이건희 회장은 갑자기 독일 프랑크푸르트 캠핀스키호텔에서 삼성관계사 사장들을 모아 놓고 사장단회의를 개최했다. 그리고 삼성 〈신경영(新經營)〉, 즉 삼성그룹 경영 혁신운동을 선언하며 이렇게 외쳤다. 이 말은 당시 매스컴을 통해 세상에 널리 회자되었다.

당시 우리나라의 경제여건은 일본과 중국의 중간 위치에 샌드위치처럼 놓여, 고가제품은 일본에게 뒤쳐지고, 저가제품은 중국의 맹추격으로 점점 경쟁력을 잃고 있는 상황이었다.

그런데도 우리나라의 대다수 기업은 규모를 우선시하는 풍토가 만연해 있었다. 대마불사(大馬不死)라는 말에 취해 기업의 이익 구조, 미래 성장 가능성에 대해서는 고민하지 않던 시절이었다.

그때 삼성그룹 이건희 회장은 양(量)적인 성장뿐만 아니라 질(質)적으로도 진정한 1류 기업으로 도약하지 못하면 언제든지 2류, 3류로 전락하여 망할 수 있다는 위기의식을 갖고 〈신경영〉을 선언한 것이다.

〈신경영〉 선언 전에 이건희 회장은 미국에 체류하면서 당시 유명 백화점과 디스카운트 스토어를 둘러본다. 그곳 전자제품 코너에서 소니 등 일본 전자제품들은 진열대 앞쪽 눈에 잘 띄는 곳에 정돈돼 있는 반면, 삼성전자의 제품은 매장 구석에 먼지가 쌓인 채 싸구려 취급 당하는 현실을 직접 목격한다. 글로벌 시장에서 삼성전자 제품의 현주소를 뼈저리게 실감한 것이다.

이 회장은 7~8명의 전자 사장단을 현지로 불러 모아 자신이 둘러봤던 코스를 똑같이 돌아보게 한다. 그리고 느낀 것이 무엇인지 물어보며 질타한다.

"이 얼마나 심각한 상황인가? 우리가 지금 제대로 가고 있는 것 같은가?"

이런 위기의식으로 글로벌 시장에서 질적으로도 진정한 '1류 기업'으로 성장하고자 새로운 변화를 시도한 것이 〈삼성 신경영〉 경영혁신운동이다. 당시 삼성의 임직원들 중에는 이러한 선언에 크게 신경 쓰지 않는 이들이 많았다.

'잠시 그러다 말겠지.'
'설마 삼성이 망하겠어?'

이런 상황을 인식한 이건희 회장은 프랑크푸르트 선언에 이어 약 2개월 간 영국 런던, 미국 샌디에이고, 멕시코 티후아나, 중국 베이징, 일본의 오사카, 후쿠오카, 도쿄 등을 오가면서 관계사 사장단 회의와 임직원들과의 간담회를 지속적으로 실시했다.

그해 8월, 도쿄에서의 회의를 마지막으로 총 1,800여명의 임직원과 350시간 동안 대화했고, 사장단과는 800시간에 걸쳐 해외 간담회를 가졌다. 그렇게 비싼 돈과 노력을 들여 해외에서 간담회를 가진 것은 국내라는 우물을 벗어나 넓은 세계를 보자는 뜻이었다.

이 회장은 이렇게 〈신경영〉 경영혁신운동을 지속적이고도 강력하게 전개해 나갔다. 위로는 사장부터 아래로는 사원까지 전 임직원에게 '마누라와 자식만 빼고 다 바꾸자'라는 구호로 변화를 통한 혁신을 강력하게 주문한 것이다.

7시 출근, 진짜 그렇게 한다고?

"변화의 시작은 나부터!"

〈신경영〉 경영혁신 운동의 대표적인 변화사례가 출퇴근 시간 변경이다. 7·4제(7시 출근 4시 퇴근)라고 불리는 출퇴근 시간의 변경은 전 임직원에게 획기적인 변화를 실천하도록 했다.

근무 자세를 근본적으로 변화 시키자는 의도였다. 근무강도를 높임으로써 습관적으로 늦은 시간까지 일하는 잔업을 없애고, 일찍 퇴근하게 함으로써 개인의 여가 시간을 늘려 자기계발을 하라는 의도였다.

하지만 당시 출근시간이 하절기에는 8시, 동절기에는 9시였는데, 갑자기 4계절 모두 아침 7시까지 출근하라는 건 간단한 일이 아니었다. 당장 아침 7시까지 출근해야 하는 직원들 입장에서는 심각한 일이었다.

사무실이 서울시청 앞 부근에 있는데, 인천시나 일산 지역 등 외곽에 사는 직원들은 아침 첫차를 타도 7시까지 출근을 못하는 경우도 있었다.

일이 많기로 유명한 삼성에서 벌건 대낮에 퇴근이라니 믿지 못하는 건 당연한 일이었다. 잔업이나 특근으로 보통 저녁 8시~9시가 넘어야 퇴근하던 직원들이 많던 시절이었다. 나 역시 그랬다.

당시는 토요일도 오전 근무를 하는 주6일 근무제였다. 규정상 평일 오후 6시 퇴근으로 되어 있었지만, 6시에 퇴근한 기억은 거의 없었다.

그런데 1993년 8월 2일 월요일부터 7시 출근 4시 퇴근이 강행되었다. 아침 7시까지 출근한다는 것은 임직원들에게 엄청난 변화였다. 출근도 힘들었지만 4시에 강제로 사무실에서 쫓겨나다시피 퇴근하면 쌓이는 일에 대한 부담감 또한 엄청났었다.

기존의 습관대로 퇴근 후 동료들과 술이라도 한잔 하고, 2차까지 아무리 술을 마셔도 저녁 8시면 모든 일정이 끝이 났다. 과거 습관대로 밤늦은 시간까지 회식을 하거나 과음을 하면 체력의 한계를 느껴 다음날 아침 곤욕을 치르는 경험을 하면서 각자 변화에 적응해 나갔다.

당시 삼성에서 과장으로 근무하던 나는 아침에 한 시간 이상 일찍 일어나 출근했다. 사무실에 도착하면 빵과 우유로 식사를 했다. 오후 4시가 조금 지나면 인사과로부터 퇴근 독려 전화를 받곤 했다.

"왜 사무실에서 전화를 받고 있는가? 빨리 직원들 퇴근 시키고 이과장도 퇴근하세요!"

7·4제를 실시한 8월에는 오후 4시에 퇴근방송이 사무실 스피커를 통해 흘러나왔다. 20~30분 후에는 인사과에서 각 사무실을 순회하며 퇴근을 독려했다. 그것으로 부족해서 사내방송 카메라로 잔류자를 촬영하여 부서장에게 퇴근을 독려토록 추궁하기까지 했다. 이렇게 강력한 추진으로 7·4제가 정착됐다.

당시에 나는 4시에 퇴근하여 회사 부근의 외국어 학원이나 집근처 수영장으로 직행했다. 영어 공부를 하거나 수영장에서 수영강습을 받으면서 체력을 단련했다.

땀을 흘린 만큼 기분도 상쾌했던 기억이 지금도 생생하다. 덕분에 전혀 수영을 못하던 내가 자유형 수영만은 누구 못지않게 잘 한다고 자부할 정도가 되었다.

아침 일찍 시작한 여름의 하루는 길었다. 퇴근 후에 이런 활동을 마치고도 날이 훤할 때 집에 들어와 가족과 식사를 하고, 산책을 하거나 책을 읽으며 나만의 시간을 가질 수 있었다. 그렇게 7·4제에 적응하여 근무강도를 높이고, 개인 여가시간을 활용하며 내게 일어나는 많은 변화를 직접 체험했다.

무엇보다 행동이 바뀌자 생각도 바뀐다는 것을 체험한 것은 정말 큰 소득이었다. 전에는 생각하지 못했던 것들이 어느 날 갑자기 생각나곤 했다.

'내가 왜 진작에 이런 생각을 못했지?'

갑자기 이런 아이디어들이 떠오르는 변화를 체험했던 기억이 지금도 입가에 미소를 짓게 한다.

그 당시만 해도 우리 사회에서는 여가를 즐긴다는 건 사치스런 말이었다. 여가시간을 어떻게 보내야 할지도 잘 몰랐던 게 직장인들의 현실이었다. 삼성은 출퇴근 시간의 변화를 통해 여가시간에 대한 이용도 다양하게 할 수 있도록 했다.

일하지 않아도 좋으니 뒷다리는 잡지 마라

"자꾸만 복잡해지고 어려워지는 상황에서는 제때 제때 결정해야 하고, 결정되면 빠르게 행동으로 옮겨야 한다." - 이건희 회장

당시 삼성에서는 7·4제 외에도 3단계 결재로 보고체계를 축소한다. 신속한 의사결정을 독려하는 '스피드 경영'을 위한 또 다른 변화의 시도였다.

그때까지 결재문제는 담당자가 기안 후 대리→과장→부장→임원 순으로 결재를 하고 협조부서 부서장 합의 결재가 몇 개씩 붙었다. 그야말로 문서 하나 기안해서 결재 받기가 간단치 않았다. 수십억 원의 투자를 요하는 중요한 기안건의 경우 의사결정을 위한 결재자가 10여명 이상에 한 달이 넘게 걸리는 경우가 허다했다.

이런 결재 프로세스부터 바꾼 것이 스피드 경영이었다. 결재 문서는 무조건 3단계로 축소시켜 담당자 기안 후 과장→부장 또는 부장→임원으로 축소했다.

당시에는 해외출장이 직원들의 로망이었다. 해외출장을 다녀오면 출장결과 보고서를 개인 컴퓨터로 깔끔하게 작성하여 별첨서류

까지 첨부하는 것이 관행이었다. 수십 장의 서류는 기본이라 용지의 낭비뿐만 아니라 시간도 보통 3~4일은 기본이고 1주일 이상 걸리는 경우도 많았다.

그런데 '스피드 경영'을 추진하면서 해외출장 보고체계도 간략해졌다. 보고서를 귀국하는 비행기에서 손으로 작성하고 공항에서 바로 사무실에 들어와 즉시 보고하여 칭찬 받은 일이 모범 사례로 회자되기도 했다.

"출장보고서를 비행기에서 메모로 작성하다."

해외출장보고서 간략화는 물론 결재 프로세스의 간략화로 업무처리가 신속하게 이루어지는 '스피드 경영' 문화를 정착시켰다.

결재 프로세스의 간략화로 업무처리가 신속하게 이루어지는 스피드 경영을 실현하면서 삼성은 기회를 선점하는 경영을 이루었다. 그 결과 오늘날 반도체, 디스플레이 등이 세계 일등 상품으로 탄생하고 유지할 수 있었던 것이다.

반도체가 첨단산업이 아니라 타이밍업이라고?

"당신, 반도체 산업이 첨단기술 산업이야?"

이 말에 대답을 못하고 있으면 반도체 산업의 업을 정의해서 보고했던 CEO는 당장 다시 정의해서 오라고 내쫓겼다.

반도체 산업은 첨단기술 산업이지만, 경쟁사와의 경쟁에서 이기기 위한 과감한 투자가 성패를 가르는 '타이밍 업'으로 정의하면서 변화하는 시대에 대세를 따르게 했다.

전자산업도 누가 먼저 신제품을 출시하느냐에 따라 성패가 좌우되는 '타이밍 업'으로 새롭게 정의했다.

업의 개념에 대한 재정의는 〈삼성 신경영〉에서 중요한 역할을 했다. 업의 본질, 특성, 핵심가치를 분명하게 정의함으로서 자원을 어디에 투자할지를 결정할 수 있었던 것이다.

각 사의 CEO가 주관이 되어 자사의 업의 특성을 재정의했다. 이를 바탕으로 사업전개 방향과 기업의 핵심가치를 정의하는 작업이 강도 높게 추진되었다.

과거 정밀기계 산업이었던 시계산업은 '패션업'으로 정의했다. 실제로 손목시계는 패션아이템이 되었으며, 보석산업으로까지 변하고 있다.

"삼성카드는 업의 개념이 무엇인가?"
"금융업입니다."
"……?"
"서비스업입니다."
"그게 왜 서비스업인가? 여신관리업이지."

이런 식으로 이회장은 업의 정의를 내려주곤 했다. 삼성카드는 아무리 많은 회원을 확보하고 매출을 증대해도 불량회원의 비중이 높으면 자금회수가 안 돼 부실화 될 수 있다. 그래서 '여신관리업'으로 정의한 것이다. 즉 부실채권 회수와 연체율 최소화, 채권회수 시스템을 구축하는 것을 중요한 업으로 집중하게 한 것이다.

백화점은 '부동산업'으로 정의했다. 부동산에서 가장 중요한 것은 위치다. 백화점 사업의 성패는 입지를 어디에 잡느냐에 달렸다고 본 것이다.

호텔사업도 마찬가지다. 보통 사람들은 호텔을 '인적서비스업이자 로케이션업'으로 생각하지만 삼성에서는 '장치산업과 부동산업'

의 성격을 추가했다. 호텔은 인적서비스와 시설로 고객을 확보해야 하는 서비스업이다. 호텔 객실 하나에는 약 1300여개의 비품이 들어가는데 얼마나 잘 갖춰지는가에 따라 성패가 좌우된다는 것이다. 서울 장충동과 제주도 중문단지 신라호텔 외에 전국 각지에 체인점을 건립하여 최고의 서비스를 제공하여 고객을 확보하면, 호텔의 입지가 개발이익으로 연결되는 만큼 부지선정에 신중을 기해야 한다는 의미였다. 오늘날 전국에 '신라스테이' 체인점이 구축된 것은 그때 정의된 업의 본질의 결과물이라 할 수 있다.

당시로서는 다소 엉뚱하게 업의 특성을 정의한 면이 없지 않다. 그러나 궁극적으로 기업의 성장을 위해 중점을 둬야 할 분야로 '업의 특성과 본질을 정의'하고 과감한 투자를 해서 오늘날 일류기업으로 성장할 수 있었다.

전 임직원에게 질문을 던지다

'지금 우리는 어디에 있고, 어디로 가고 있고, 제대로 가고 있는가?'

이 질문으로 국내뿐 아니라 세계시장에서 우리의 현재 위치와 회사가 지향하는 사업의 방향, 투자방향 등을 점검하고 그 방향이 맞는지를 점검하는 일련의 과정을 거치게 했다.

개인들도 자신에 대해 이 질문을 통해 개인의 역량과 성장방향에 대해 생각해 보고 자신의 정체성을 점검하게도 했다.

임직원에게 이 질문을 통해 '지금 이대로 좋은가? 2등, 3등으로는 생존할 수 없다'는 것을 수시로 챙기게 했다.

당시에 일본 소니를 앞선 것에 대해 자만하지 않도록 우리가 일본 업체를 앞선 것이 아니라 특정 품목에서 앞섰던 것뿐인데 과장되어 있다며 경각심을 부여했다. 일본을 절대 무시해선 안 된다. 일본의 저력은 아무도 모른다며 경계를 게을리 하지 않게 했다.

"우리가 한 단계 올라갈수록 노키아 등 경쟁사에서 위기의식을 갖고 지켜보고 있는데 우리는 어떠한가? 우리 자세는 어떤가?"

이렇게 언제나 우리 자신을 분석하게 했다. 끊임없는 긴장감을 갖고 자만심을 제거토록 독려했다.

아울러 미래통찰력을 갖도록 수시로 다음과 같이 강조했다.

"5년, 10년 후를 내다봐야 한다."

내가 삼성 인재양성프로그램의 혜택을 받아 2003년 8월 핀란드 헬싱키경제대학(현 ALTO대학)에서 MBA(경영학석사)과정을 밟고 있을 때였다. 수업과정에서 노키아 등 몇몇 기업의 본사를 방문하여 기업경영 전반에 대한 소개를 받고 질의응답을 갖는 과정이 있었다. 그때 노키아 측으로부터 방문학생 중에 삼성직원이 있다는 이유로 본사방문을 거절 당했다. 대신 마케팅 담당자가 학교 강의실로 와서 기업 소개와 질의응답 시간을 갖겠다고 했다.

당시 떠오르는 삼성을 경계하는 노키아가 자사의 본사 건물에 삼성직원이 들어온다는 사실 자체만으로도 기업비밀이 노출될 수 있다는 위기의식을 갖고 있었던 것이다. 그때 나로 인해 노키아 본사 방문의 기회를 잃은 같은 클래스의 동료학생들에게 미안한 마음을 가졌던 기억이 아직도 생생하다.

삼성의 변화노력은 이후에도 계속 이어진다. 전 임직원에게 끊임없이 목표와 가치 공유, 위기 극복을 위한 노력의 필요성을 강조하면서 지속적인 변화 노력을 촉구했다.

⚡ 삼성의 변화는 계속 된다

삼성에서 근무할 때 매년 경영계획을 수립하면서 단 한 해도 경기가 좋을 것이란 이야기를 들어본 적이 없다. 매년 계속되는 혁신론으로 '마른 수건도 짠다'는 긴장의 연속으로 근무했다. 그러한 과정이 있었기에 오늘날의 삼성이 있을 수 있었다.

삼성그룹은 지금도 지속적인 성장을 위해 철저한 자기점검을 통한 끊임없는 변화와 혁신을 시도하고 있다.

● 초음속, 마하경영을 시도하다

1993년에 〈신경영〉을 선언한 지 20년이 지난 2013년에는 당시의 임직원들이 퇴직 등으로 떠나면서 〈신경영〉을 경험한 임직원이 3분의 1도 안 되게 줄어들었다.

2014년 신년 초 이건희 회장은 경영 키워드로 '마하경영'을 주창한다. 마하(Mach)는 초당 340m인 소리의 속도를 나타내는 단위다. 초음속으로 나는 비행기를 만들려면 일반 비행기와는 달리 공기저항이나 동체 온도 등 급격한 변화를 견딜 수 있는 완전히 새로운 재질이나 구조로 만들어야 한다. 마하경영은 이처럼 기업을 바꿔

나가기 위한 또 다른 총체적인 경영 혁신활동을 의미한다.

　2007년 스마트폰의 등장 이후 하루가 다르게 변하는 정보통신기술(ICT)의 발전으로 사업간, 업종간 경계가 붕괴되고 있었다. 사물인터넷(IoT)을 넘어 만물인터넷(IoE) 환경에서 스마트 기기로 무장한 인류사회가 등장하고 있었다.

　마하경영은 1993년 이래 〈신경영〉으로 많은 변화와 혁신을 추진한 것에 이어 새로운 시대변화에 맞게 추진한 변화운동이다.

　시대에 낙후된 제도와 관행을 과감히 타파하고 21세기 환경에 맞는 경영구조와 프로세스를 재구축하고자 했다. 다양한 인재들이 열린 생각으로 소통하며, 최대한 능력을 발휘하도록 유연하고 활력 있는 기업문화 조성을 이루고자 했다. 또한 협력업체의 동반성장은 물론 지역사회의 안전과 환경보존, 사회공헌 활동 등 시대변화에 따른 새로운 혁신을 시도했다. 그러나 이건희 회장의 갑작스런 건강문제로 구체화 되지는 못한 아쉬움이 있다.

● 성장과 생존을 위해 계속되는 변화의 시도들

　1993년 이전의 삼성그룹은 '관리의 삼성'으로 개선활동을 위주로 양(量)적인 성장을 해왔다. 1993년 〈신경영〉이라는 경영혁신으로

'전략의 삼성'으로 질(質)적인 성장을 이뤘다. 지금의 삼성은 '창의의 삼성'으로 품격과 창의성, 상생을 바탕으로 성장하고자 끊임없는 변화의 노력을 지속하고 있다.

▶ 신입사원 채용 제도의 변화

과거에는 '삼성그룹 공채'로 전체 대졸신입사원을 뽑은 후 각 관계사에 배치했지만 그룹해체로 각 사별로 필요한 인력을 채용한다.

2015년 9월, 20년 만에 신입사원 채용제도가 변경됐다. 먼저 서류심사 후 직무역량평가인 GSAT(Global Samsung Aptitude Test) 시험을 치르고, 역량면접과 인성면접을 실시하던 것에 창의성면접을 추가했다.

소프트웨어 개발인력은 GSAT 시험 대신 알고리즘을 평가하는 코딩시험인 소프트웨어 역량테스트를 추가했다.

인성면접은 임원들이 하고, 역량면접은 부서장들이 하는데, 창의성면접은 과장급의 참신한 면접관들이 하게 했다.

정부에서 2016년 공기업부터 NCS(국가직무능력표준) 방식으로 채용하는 것보다 빠르게 변화를 도입한 것이다.

▶ **수평적인 소통문화로의 변화**

삼성전자는 2016년 3월 〈스타트업 삼성〉을 선포한다. 삼성 〈신경영〉을 시작한 지 23년 만에 시대변화에 맞게 수평적인 소통문화로 조직을 바꿔나가겠다며 변화를 시도한 것이다.

첫째, 직급의 단순화
둘째, 수평적 소통 활성화
셋째, 비효율적인 회의, 보고 없애기
넷째, 직원들이 자발적 업무에 몰입하도록 환경 조성
다섯째, 다양한 휴가 제도 도입

이를 실천하기 위해 출퇴근 시간을 자유롭게 하고, 주5일 하루 최소 4시간 이상 근무하는 '주 40시간 근무' 제도를 도입한다.

▶ **회식문화 개선을 위한 '119제도' 실시**

획일적인 회식문화로 지나친 음주와 퇴근 후 개인시간 침해를 더 이상 방치하지 않기 위해 2012년 전격적으로 회식문화 개선을 위한 119제도를 시행한다. '119제도'는 한 가지 종류의 술로 1차에서 9시 이전에 끝낸다는 의미다. 이후 자율출퇴근제 시행으로 직원들의 출퇴근 시간이 자유로워 지면서 "저녁 9시 이전에 회식을 마치고 귀가한다"는 것이 현실에 맞지 않아서 2016년에는 '112제도'로 바뀌었다. 회식은 2시간 이내에 끝낸다는 의미다. 그만큼 직원 개인의 입장을 존중한 제도다.

회식문화 개선을 위한 제도시행은 말로 그치는 게 아니라 퇴근 시간 후 회사 부근의 음식점, 술집 등을 인사팀에서 순회하며 단속 아닌 단속을 벌이기도 했다. 강력한 실행을 위해 경리부서에서 회식경비를 처리할 때 밤 9시 이후 결재한 신용카드 영수증은 처리해주지 못하도록 했다.

회식일정과 장소도 부서장이 즉흥적으로 제안하는 것을 금기시 했다. 부서회식은 자연스럽게 월간 부서업무계획 수립에 반영하여 부서원들이 가장 선호하는 날짜와 장소를 투표로 정하는 문화를 만들어 냈다.

▶ 진정한 자율출퇴근 제도 시행

오늘날 자율출퇴근제는 어느 날 갑자기 생겨난 게 아니다. 1993년 〈신경영〉의 7시 출근 4시 퇴근의 7·4제가 정착되어 임직원의 사고변화와 체질변화 등에 큰 효과를 거둔 후 폐지되었다. 이후 1

개월 단위로 8·5, 7·4, 9·6 등을 개인별로 선택해서 시스템에 등록하여 셋팅하는 경직된 자율출근제가 시행되었다. 이 제도는 개인별로 다음 달 출근시간을 정하기 위해서 부서장의 승인이 필요했다. 부서장은 대부분이 8·5제인데 일부 직원이 9·6제 또는 10·7제를 시행하면 아침조회나 업무지시가 불편해지기에 특별한 사유가 없는 한 허락을 얻기가 쉽지 않았다. 결국 허울 좋은 자율출퇴근제로 전락하는 모습을 보였다.

이런 불합리성을 없애려고 인사팀에서 획기적으로 유연한 자율출퇴근제를 시행한다. 사전에 기간별로 출근시간을 정하고 시스템에 입력하되, 업무를 수행하면서 야근 등으로 다음날 출근이 힘들어지거나 갑자기 개인사정으로 특별한 일이 생기면 출근시간을 수정 입력할 수 있는 유연한 자율출근제를 시행한다. 부서장 승인이 필요 없게 되었다. 아침에 출근해서 없는 직원은 문자 등으로 오늘 출근시간을 어떤 이유로 변경했다는 정보만 공유하면 되는 것이다.

오늘날 하루 4시간 이상 주 40시간 근무하는 자율출퇴근제는 이러한 시행착오와 업무효율 증대를 위한 제도가 발전해서 이뤄진 것이다. 습관적인 잔업을 없애기 위해 주 45시간 이상 근무하면 경고를 하여 52시간을 초과하지 않도록 하는 현재의 자율출퇴근제가 시행되고 있는 것이다.

▶ 반바지 착용, ○○님으로의 호칭 변화

1990년대 말까지 삼성에는 청바지와 라운드 셔츠 착용이 금기시되었다. 그런데 타 회사에 비해 해외 유학파가 많아 상대적으로 자유로운 분위기였던 삼성SDS에서 일이 벌어졌다. 대표이사가 엘리베이터를 탔다가 청바지를 입은 직원과 마주친 것이다. 대표이사는 인사팀에 청바지를 입은 직원에 대해 복장규정에 문제가 없는지를 물었다. 당장 인사팀에서 청바지를 입은 직원을 색출하느라 사무실을 뒤지는 해프닝이 있었다.

그런데 2017년 3월, 삼성에서 파격적인 복장자율화를 발표한다. 반바지 착용도 허용한다는 것이다. 격세지감을 느끼게 한다.

연구소 등 일부부서부터 단계적으로 반바지 착용 허용과 함께 부장, 과장 등 직급에 대한 호칭도 폐지한다. ○○대리, ○○과장님, ○○부장님으로 부르던 호칭을 모두 없애고 "○○님"으로 통일하는 것이다. 변화에 익숙해 지기까지는 많은 시간이 필요하겠지만 시대의 변화를 이끌어 가는 조치라 볼 수 있다.

삼성은 이미 초일류 글로벌 기업으로 성장했지만, 현실에 안주하지 않고 끊임없이 변화를 시도한다. 동양적 사상의 기반을 둔 경직된 문화를 벗어나 미국 실리콘밸리의 IT기업처럼 유연하고 가벼운 '스타트업 정신'을 근간으로 하는 컬처 혁신을 추진하고 있다.

주 40시간 일하는 기업, 삼성

"오후 3시에 퇴근한다고?"

삼성에 근무하는 후배들과 저녁 모임을 위해 오랜만에 전화를 했다.

"통화 가능한가?"

근무에 방해가 되지 않기 위해 조심스럽게 물었다.

"괜찮습니다. 퇴근 중입니다."

금요일 오후 3시인데, 이게 무슨 소린가? 퇴근 중이란 말에 나도 모르게 물었다.

"그래도 되는 건가? 그러다가 회사 짤리면 어쩌려고?"

"이번 주는 이미 40시간 근무를 채웠기 때문에 괜찮습니다."

주 40시간 근무제와 자율 출퇴근제 덕분에 금요일 오후 3시에 퇴근한다는 것이다.

"좋겠다. 회사 좋아졌네."

부럽다는 마음을 비치자 후배는 뜻밖의 말을 했다.

"요즘 금요일 오후는 다들 일찍 퇴근해요. 지난 주에는 주 45시간 넘게 일했다고 사유서를 써야 했는데요, 뭐!"

후배의 말을 들으니 헷갈린다. 옛날보다 정말 좋아진 건지? 나빠진 건지? 더 많이 일했다고 사유서를 써야 했다니? 변했다. 변해도 엄청 변했다.

2018년 7월 1일부터 종업원 300인 이상의 사업장과 공공기관을 대상으로 하루 최대 8시간에 휴일근무를 포함한 연장근로를 12시간까지만 법적으로 허용하는 주52시간 근무제가 시행되면서 사회적으로 많은 논란을 일으켰다. 아직 우리 현실에 적합하지 않아 법대로 하면 기업이 힘들어 진다며 반대하는 소리도 많이 들린다.

그런데 주 40시간을 근무하며 자율출퇴근제를 시행하는 글로벌 초일류기업으로 잘나가는 기업이 있다는 것을 아는 사람은 많지 않다. 바로 삼성전자, 삼성SDS 등 많은 회사가 직무별 차이가 있지만 이미 몇 년 전부터 단계적으로 주40시간 근무제를 시행하고 있다. 개인생활을 존중하고 업무를 효율적으로 운영하여 생산성 극대화를 이루기 위한 제도다. 자율적인 분위기 조성으로 근무 제도를 발전적으로 이뤄가고 있는 것이다.

삼성은 지속적인 제도개선으로 직무별 차이가 있지만 자율 출퇴근제를 도입하여 몇 시에 출근하여 몇 시에 퇴근하든 하루 최소 4시간 이상, 주 40시간 근무하는 주 40시간 근무제도를 운영하고 있다.

주 40시간 근무로 개인적인 시간은 많아져서 좋을지 모르지만, 회사 경영을 정상적으로 운영하려면 40시간 내 할 일을 100% 완수해야 한다. 과거에 하던 방식으로 그대로 일을 해서는 실현 불가능한 일이다. 전체적인 변화를 이뤄내야 한다.

회사에서는 톱다운(Top down)으로 쓸데없는 일, 안 해도 지장없는 일, 과감하게 없애도 되는 일 등을 분류하여 업무 프로세스를 과감하게 개선하고 시스템과 인프라를 구축했다. 업무 혁신을 통해 업무처리 효율성을 증대하여 생산성을 향상시키는 개선을 동시에 수행한 것이다.

예를 들면 한때 하루 일과 중 코어타임(Core Time)제를 운영하여 오전 9시~11시에 회의는 물론 부서장이 부서원들에게 업무지시도 할 수 없게 했다. 코어타임 시간에는 그 누구의 방해도 받지 않고 자신의 일에 집중하여 최대의 효과를 내도록 업무환경을 만들어 주기도 했었다.

또한 매일 아침 부서장 주관으로 한 자리에 모여 둘러서서 하는 아침 회의도 없앴다. 각자 자신이 맡은 일을 알아서 하도록 한 것이다.

근무시간 체크도 사무실 출입시스템에서 자동으로 이뤄진다. 사무실 입구에 보안유지를 위해 설치된 출입통제시스템을 통해 사무실에 들어온 시간과 나간 시간을 계산해서 하루 총 몇 시간을 사무실에서 일했는지 자동으로 알려준다. 근무시간뿐 아니라 몇 번 출입했는지, 나가 있던 시간까지 데이터로 보여준다. 담배를 피우기 위해 하루 수차례 건물 밖에 나갔다면 근무시간에서 제외하는 건 당연하다.

출입횟수가 많으면 업무를 제대로 수행했다고 할 수 있을까? 공장 근무자라면 사무실에서 담배를 필 수 있는 지역까지 이동하는 데 최소 20~30분 이상 걸린다면 어떨까? 삼성에서 담배를 피우는 사람들이 주변의 눈치를 봐야하고, 심지어 그 눈치 때문에 담배를 끊는 사람이 많은 이유 중에 하나다.

직원들은 주 40시간만 근무할 권리를 갖는 동시에 주어진 업무를 시간 내 완수해야 하는 책임을 져야 한다. 직무성과로 평가 받고, 그 평가로 인센티브와 승진 여부가 결정되는 것이다. 진정한 프로의식 없이는 불가능한 일이다. 직장문화가 조직과 개인의 체질을 진정한 프로세계로 바꾸어 놓은 것이다.

지금 우리 사회에서는 주 52시간 근무제를 법적으로 시행하면서 사업주와 근로자 모두가 어렵다고 불만을 토로하는 소리가 들린다. 직무에 따라 여러 가지 원인이 있겠지만, 근무시간을 줄인 만큼 생산성을 향상시키는 업무혁신을 이루는 시스템을 정착시키지 못한 이유도 있다. 그러다 보니 근로자는 자신이 한 일의 생산성을 생각하지 않고 권리만 주장하며 칼퇴근을 요구하고, 경영자는 과감한 경영혁신이나 투자는 안 하고 직원들에게 책임완수만을 요구하면서 갈등의 골이 깊어지는 것이다.

이런 점에서 삼성이 1993년에 〈신경영〉이라는 이름으로 경영혁신을 통해 업무혁신을 이룬 후 지금까지 계속 변화를 위해 노력하고 있는 모습에 주목해야 한다. 조직이나 개인이 변화하는 시대에 앞서 나가며 편승하기 위해서는 겉모습만 따라할 것이 아니라 근본적인 체질개선을 이뤄내야 한다는 시사점을 우리가 간과해서는 안 된다.

Tip. 삼성, 변화의 위기를 기회로!

"마누라와 자식만 빼고 다 바꾸자!"

"7시 출근, 4시 퇴근!"

"나부터 변하자!"

삼성이 세계 일류기업으로 도약하는 데는 1993년, 대한민국을 요동치게 한 이건희 회장의 〈신경영〉 선언을 계기로 엄청난 변화의 실천이 있었다.

변화는 위기와 함께 온다.

삼성의 〈신경영〉 정신은 요즘 청년대학생들이 배울 게 많다.

나부터 변화를 시도하자.

쉬운 것부터 시작하자.

할까 말까 고민하고 머릿속으로 생각만 말고 행동으로 옮기자.

지금! 방향을 정하고 느리더라도 지속적으로 하자.

삼성처럼 위기를 기회로 전환하기 위한 Big3 키워드

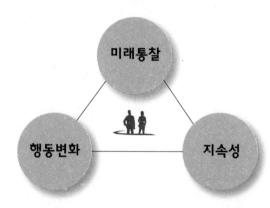

PART II

삼성의 성공 DNA에서 길을 찾자

오늘날 삼성이 세계 속의 일류기업으로 성장하여 유지할 수 있는 데는 분명 이유가 있다. 1993년 당시에는 중국의 추격을 따돌리고 앞서가는 일본을 따라 잡아야 하는 절대절명의 위기가 있었다. 삼성은 위기의식을 갖고 업의 개념을 재정립한 후 핵심인력을 확보하고, 기술 중시, 일등제품 확보, 정보화, 복합화, 국제화 등을 실현하여 위기를 기회로 전환하였다.

요즈음 청년대학생들은 역량기반 채용과 블라인드 채용이란 커다란 변화의 시대를 맞고 있다. 더 이상 학벌, 학점, 외국어 등의 스펙에만 의존해서는 취업하기가 어려운 시대다. 반면에 창의력과 아이디어를 활용한 창업의 기회는 청년대학생들에게 활짝 열려 있는 시대다.

지금부터 변화의 흐름에 맞춰 위기의식을 갖고 어떻게 꿈의 날개를 펼쳐야 할지 삼성의 성공 DNA를 접목해보자.

3강

양(量)보다 질(質)이다

헬리콥터 조종사들은 왜 부자가 많을까?

"알게 되면 보이고, 그때 보이는 것은 전과 같지 않다"

삼성에서 근무할 때 대형 건설사 관리자들과 1년 이상 접촉하며 일한 적이 있었다. 그때 헬리콥터 조종사 가운데 부동산 부자들이 많다는 사실을 알았다. 헬리콥터를 조종하며 저공비행으로 하늘에서 지상을 내려다보면 지상을 상당히 세밀하게 관측할 수가 있다고 한다. 그러다 보면 일반인들은 미처 생각할 수 없는 지역의 부동산 가치를 판단하고 예견해서 부동산을 구입하는 경우가 많았다고 한다.

지상에서는 눈으로 볼 수 있는 한계와 산과 같은 지형지물에 가려 인근 지형이나 시설, 도로 개발 현황 등을 알기가 어렵다. 그러나 헬리콥터 조종사들은 도시나 도로의 위치는 물론이고 인접 지역과 두절된 지역에 건설 중인 도로, 교량, 터널 공사 등에 의한 지역 간 연결 모습 등을 하늘에서 직접 육안으로 볼 수 있으니 그만큼 부동산의 가치를 빨리 알 수 있는 것이다.

'저 지역도 곧 개발이 되겠다.'

'저 지역이 개발의 핵심지역이 되겠다.'

이렇게 예상하면 이런 지역은 실제로 부동산 가격이 올랐고, 이곳에 미리 투자한 헬리콥터 조종사들은 부동산 부자가 되었기에, 그들 중에 부자가 많게 됐다는 것이다.

이 이야기가 우리에게 시사하는 바는 무엇일까?

아는 게 힘이다.

그래서 우리는 사회를 알고 나를 알아야 한다.

❥ 그 동안 뭘 하셨죠?

"대학생활! 그동안 무엇을 했고, 남은 기간 무엇을 할 것인가?"

4학년 학생들이 남은 대학생활과 사회진출에 대해 어떤 생각을 하고 있는지 조사해 봤다. 조사방식은 이공계열 학생을 대상으로 신학기가 조금 지난 4월 중순 핸드폰을 이용한 구글 설문으로 했다.

졸업을 채 1년도 안 남긴 시점에 취업준비를 하겠다는 학생들이 70% 이상으로 절대적으로 많았다. 그런데 취업목표 시기에 대한 질문에, 졸업 때까지 취업하겠다는 학생은 35%인데 반해 졸업 후 6개월~1년 내에 하겠다는 학생이 45%, 졸업 후 2년까지 구직활동을 해보겠다는 학생도 9%나 되었다. 무려 54%의 학생이 취업 시기를 졸업 후 6개월~2년까지 길게 보는 것으로 나타났다. 졸업유예를 통해 일단 시간을 확보하겠다는 학생도 5%로 나타났다.

왜 이런 현상이 나타나는 것일까? 아마도 취업에 자신이 없거나, 취업시장에서 변별력의 수단으로 요구하는, 소위 스펙 만들기를 위한 준비일 것이다. 토익(TOEIC), 토스(TOEIC Speaking), 오픽(OPIc) 등의 영어나 전공 관련 자격증 취득 때문일 것이다.

이 문제를 어떻게 바라봐야 할 것인가?

4학년 1학기 초에 토익이 600점 이하, 기사자격 취득 필기고사도 합격한 게 없는 학생을 생각해 보자.

영어(토익, 토스, 오픽) 성적은 올리기가 간단하지 않다. 그래서 성공확률은 높지 않지만 6개월에서 1년 정도를 내다보는 학생들이 많다.

동시에 각종 자격시험을 준비한다. 자격증에 따라 차이가 있지만 각종 자격시험은 1년에 3~4번밖에 없다. 이공계 자격증의 경우 필기시험과 실기시험에 합격해야 하는데 도중에 1번만 떨어지면 최소 3~4개월을 기다려야 한다. 자칫 6개월~1년의 기간이 그냥 흘러가 버릴 수 있다.

이렇게 1년 후, 아니 2년 후에 자격증을 취득했는데 원하는 직장에 취업이 안 된다면 어떻게 해야 하는가? 어쩔 수 없이 중소기업이라도 취업하겠다고 생각을 바꾸게 되는데 이것도 생각해 봐야 한다. 중소기업에서는 졸업 후 1~2년의 공백이 있으면 면접에서 빼놓지 않고 질문한다.

"졸업 후 공백 기간이 있는데 그 동안 뭘 하셨죠?"

이럴 때 뭐라고 답할 것인가? 중소기업 사장도 알고 있다. 당신이 공기업이나 대기업을 준비했던 사람이고, 입사 후에도 기회만 생기면 떠나려 한다는 걸.

상황이 이런데 과연 중소기업에서 당신을 뽑으려 하겠는가?

청년대학생은 시간이란 자원이 중요한 유한자원임을 명심하고 졸업 후 1년 내 사회인으로 출발할 수 있도록 적극적인 대응이 필요하다는 것을 가슴에 새겨야 한다.

뭘 해야 할지 모르겠어요

"교수님, 저는 뭘 해야 할지 모르겠어요. 어떻게 하면 좋지요?"

12월 추운 어느 날, 대학 4년간 평균학점 4.15점인 졸업반 학생이 연구실로 찾아와 진로 고민을 털어놓았다. 졸업을 앞두고 대기업과 중견 기업 몇 곳에 입사지원서를 넣었지만 이유도 모르게 떨어졌다고 한다. 자신보다 학점이 낮은 친구도 원하는 중견기업에 합격했고, 친한 친구는 대학원에 진학했다고 한다. 그러고 나니 이제 무엇을 어떻게 해야 할지 불안하고 막막하다는 것이다.

학생은 대학생활을 열심히 했다. 캠퍼스 라이프도 즐기지 않았고, 남들 다 하는 연애도 못 해보고, 오로지 취업을 위해 열심히 공부만 했다. 학창시절 내내 장학금을 받으며 공부했고, 훌륭한 스펙으로 졸업을 앞두고 있건만, 취업에 실패하자 무엇을 어떻게 해야 할지 몰라 좌절하는 기색이 역력했다.

우리 주변에는 이런 학생이 한둘이 아니다. 묵묵히 자신이 처한 환경에서 최선을 다해온 착한 학생들이라 옆에서 지켜보는 마음은 더욱 안타깝기만 하다.

많은 학생들이 고교시절에 대학입학이라는 큰 목표를 갖고 있었다. 그 목표를 이루기 위해 다른 일은 하지 않은 채 학교에서, 학원에서, 그리고 부모님이 하라는 대로 공부에 매진했다. 그때는 대학입학이라는 목표가 분명하기에 힘들다는 것 외에 웬만한 문제는 이겨낼 수 있었다. 일단 좋은 대학, 원하는 학과에 입학만 하면 모든 게 이뤄질 것만 같았다. 그런데 막상 대학생이 되고 나니 모든 것이 신기루였다. 큰 꿈을 이뤘다는 성취감은 잠시뿐이고, 무엇을 어떻게 해야 할지 몰라 방황하기 십상이다.

눈앞에 새롭게 펼쳐지는 인생을 설계해야 하는데, 무엇을 어떻게 해야 하는지 막막하기만 하다. 무엇을 위해 공부를 하는 건지? 졸업 후 무엇을 해야 할지? 그런 걸 이야기 해주는 사람도 없다.

그러다 보니 중고등학생 때의 습관처럼 대학에서도 교수의 일방적인 강의를 듣고, 필기하고, 시험 보는 패턴을 그대로 유지할 뿐이다. 학년이 올라가면서 수강신청 과목 선택하는 것도 혼란스럽다. 학기 초에 수업을 듣다가도 이런 걸 왜 공부해야 하는 건지 스스로 이유를 못 찾거나 내용이 어려워 중간에 포기하고 수업을 철회하는 과목들도 생겼다.

많은 학생들이 사회에 대해 잘 안다고 생각하지만 모르는 경우가 더 많다. 주로 인터넷이나 친구, 선배에게 들은 단편적인 정보로 사회에 대해 많은 것을 아는 것으로 착각한다. 인터넷은 방대한 정보를 얻을 수 있지만 잘못된 정보도 많다. 친구, 선배로부터 들은 정보는 대부분이 '~하더라' 식으로 편향되거나 잘못된 정보가 많다.

"지피지기 백전불태(知彼知己百戰不殆).
상대를 알고 나를 알면 백 번을 싸워도 위태롭지 않다."
- 손자병법

사회를 모르고 진출하면 하고 싶은 일이 제한적일 수밖에 없다. 방향을 정할 때도 제한적이거나 잘못된 판단으로 그르칠 수 있다. 그래서 우리는 사회에 대해 알아야 한다. 아는 만큼 생각하고 볼 수 있기에 사회가 필요로 하는 것이 무엇인지, 막연한 정보를 통한 양(量)이 아닌 정확한 통찰을 통한 질(質)로 알아야 한다. 사람은 알아야 열정도 생기고, 열정이 생겨야 계획한 일을 알차게 꾸려갈 수 있기 때문이다.

따라서 이제라도 냉혹한 사회의 속성을 알고, 중고등학교 시절처럼 시키는 것만 하려는 자세를 버리고, 자기주도적으로 할 일을 찾아 행동해야 한다. 학과 게시판, 학생처 게시판 등을 수시로 살펴보고 특강, 캠프, 비교과프로그램, 동아리 활동 등 다양한 참여 활동을 통해 자신의 경험영역을 넓혀 나가야 한다.

↗ 입사하면 무엇을 배울 수 있나요?

"입사 후 첫해 연봉이 얼마입니까?"

"출퇴근시간이 정해져 있나요?"

"주말 특근을 하나요?"

"복리후생제도가 어떻게 되나요?"

학생들과 추천기업에 대한 이야기를 나누다 보면 이런 질문을 많이 듣는다. 구직자 입장에서 받을 경제적, 물질적 혜택만을 따지는 질문들이다.

"그 기업에 입사하면 무엇을 배울 수 있나요?"

왜 이런 질문을 하지 않는지 안타까울 뿐이다. 연봉 200~300만 원의 차이로 추천해 주는 기업을 안 가겠다는 학생들을 볼 때는 더욱 그렇다. 먼저 입사해서 몇 년간 경력을 쌓으면 기술과 경력을 인정받아 더 좋은 직장으로 옮길 수 있다고 설득해도 듣지 않는 경우가 많다.

안정된 직장이라는 이유로 공기업이나 대기업만을 선호하는 것은 바람직하지 못하다. 왜냐하면 대기업에서는 자신이 아무리 뛰어나더라도 마치 하나의 부품처럼 주어진 분야에서 맡겨진 일만 하는 경우가 많다. 그러다 보면 일이 맞지 않거나 싫증을 느껴 어렵게 입사한 대기업임에도 스스로 퇴사하는 일까지 발생한다. 반면 중소기업에서는 다양한 업무를 폭넓게 경험할 수 있으며 자신이 한 일이 어떻게 회사의 매출이나 가치창출에 기여하는지 경영 전반을 이해할 수가 있으며 빠르게 성장할 수도 있다.

첫 출발하는 대학생 입장에서는 대기업에 입사만 하면 모든 일이 잘 될 것이라는 생각을 할 수 있지만 절대 그렇지 않은 게 현실이다. 대기업 입사는 축하받는 새로운 시작이지만 또 다른 고생의 시작으로 볼 수 있다. 다만 고생한 보람을 경제적 가치나 다른 면에서 보상 받을 확률이 높을 뿐이다.

따라서 중소기업도 옥석을 가리면 급여는 대기업 수준에는 못미처도 단기간에 업무를 배워 경력을 쌓아 일정 기간이 지난 후에는 대기업에서 시키는 일만 한 사람보다 훨씬 크게 성장할 수 있다. 10년~20년 지나서 보면 사회적인 위상도 더 좋고, 경제적인 수익도 비슷할 수 있다.

대기업이든 중소기업이든 신입사원들에게 중요한 건 일을 배우겠다는 적극적인 태도다. 자신이 일을 잘 모르겠다고 소극적으로 대하는 사람과, 모르지만 가르쳐 주면 해보겠다고 일을 가르쳐 달라고 적극적으로 행동하는 사람이 있다면 누가 빨리 성장하고 좋은 평가를 받겠는가? 이런 적극적인 자세라면 어느 조직에서도 성공할 수가 있다.

과거에는 대기업이든 공기업이든 혹은 중소·중견기업이든 기업에서 신입사원 채용공고를 낼 때 행정직 00명, 기술직 00명 등 단순한 채용정보를 제시하고, 입사지원자에게 자신이 우수한 인재임을 스스로 증명하도록 요구했다. 이때 기업에서 중요하게 여기는 우수인재의 증명기준은 주로 학벌과 스펙이었다.

하지만 이런 채용방식은 많은 문제점을 드러냈다. 토익 점수 900점대의 우수한 성적 보유자임에도 해외출장에서 외국인과 의사소통이 안 되는 경우가 많았다. 회사에는 큰 손실이었고, 당사자 입장에서는 당황스런 일이었다.

그러다 보니 기업에서는 신입사원의 스펙 무용론이 고개를 들기 시작했다. 더 이상 스펙을 중요한 판단기준으로 보지 않았다.

지금은 기업에서 직무수행에 필요한 요건을 직무별로 구체적으로 제시하고, 지원자가 자신이 직무를 수행할 수 있는 준비 정도를 증명하도록 하는 채용방식으로 바뀌었다. 목표지향적이고 역량개발을 중시하는 능력을 요구하기 시작한 것이다.

이렇게 산업현장에서 직무를 수행하는데 필요한 능력(지식, 기술, 태도)을 국가가 산업부문별 수준별로 체계화하고 표준화한 것이 NCS(국가직무능력표준)다.

취업을 원하는 학생이라면 자신이 취업할 수 있는 산업군과 기업, 그리고 직무가 어떤 것들이 있는지 파악하고 해당직무에서 요구하는 직무능력에 대한 조사, 연구를 통해 필요 역량을 개발해 나가야 한다.

"입사 후 첫해 연봉이 얼마입니까?"
"출퇴근시간이 정해져 있나요?"
"주말 특근을 하나요?"
"복리후생제도가 어떻게 되나요?"

이제 더 이상 이런 문제로 고민하지 말자. 이런 문제는 직무능력을 갖추면 회사에서 해결해 줄 문제다. 그 전에 먼저 채용시장의 변화에 따라 회사에서 요구하는 직무능력을 키워나가는 데 초점을 맞춰야 한다.

이제라도 사고의 전환을 꾀해야 한다. 취업하고자 하는 회사를 선정할 때 추구해야 할 것이 무엇인지 분명히 해야 한다.

"그 기업에 입사하면 무엇을 배울 수 있나요?"

✦ 스펙보다 경험

"블라인드 채용이 대세다. 어떻게 준비할 것인가?"

전국 330여 개의 공기업이 2017년 7월부터 블라인드 채용을 의무화 하고 있다. 이제는 공기업뿐만 아니라 민간기업에서도 블라인드 채용이 확산되는 추세다. 블라인드 채용이란 학벌, 나이, 성별 등과 관계없이 직무능력 위주로 채용하는 것으로 채용시장의 거대한 변화의 큰 축을 이루고 있다.

대학생들은 무엇을 준비해야 할까? 과거처럼 학점과 영어공인성적, 자격증을 준비하는데 많은 시간을 할애하는 것이 맞는 것일까?

블라인드 채용이 일반화되면 출신학교나 학점, 영어성적, 자격증 등과 같은 스펙을 요구하는 곳은 점점 사라져갈 것이다. 그럼에도 불구하고 자동차 운전면허 없이 운전할 수 없듯이 특정 직무를 수행할 때 필요한 일부 전문자격증은 반드시 필요할 것이다. 결론은 자격증은 자신의 직무능력을 수행하는데 꼭 필요한 것만 취득하고, 나머지는 자신이 직무능력을 갖춘 인재라는 것을 입증하는 차별화된 활동경험을 해나가야 한다는 것이다.

'교육, 연구, 봉사.'

대학의 세 가지 주요기능이다. 지금까지 대학에서 말하는 포트폴리오는 이 기능 중 '교육'에 초점을 맞춰 자격을 갖추는 것이었다. '학벌, 학점, 토익' 등의 3종 세트와 '어학연수와 자격증'을 더한 5종 세트라는 말이 생겼을 정도다.

하지만 현실은 어떤가? 졸업 후 가장 필요한 건 '경험'이다. 사회생활에서 필요한 문제를 해결하거나 직무능력을 발휘할 수 있는 것은 경험이 우선이기 때문이다.

한 경영학부생이 공대생들만의 동아리인 '자동차 동아리'에 혼자 가입해서 마케팅, 홍보 등 대외 관련 일을 도맡아 했다. 기업체와의 협찬, 마케팅 업무 등을 총괄하면서 이러한 업무가 본인만의 장점이 되어 1년 후에 동아리의 회장까지 맡게 되었다. 학생은 2017년 10월 3,022km 호주 사막 랠리에도 출전했다. 지금은 자신의 대학생활 경험을 후배 고등학생들에게 들려주면서 자신의 목표를 이루기 위해 바쁘게 활동하고 있다.

이렇게 자신의 전공에서 벗어난 다양한 경험을 쌓고 있는 학생의 미래는 밝아 보일 수밖에 없다. 사회에 나오면 전공 못지않게 풍부하게 쌓아놓은 경험이 무엇보다 소중한 자산이자 희망이기 때문이다.

　기업에서는 입사지원서에서 자기소개서를 통해 경험을 바탕으로 한 직무능력을 보여주는 스토리가 있는 경험을 쓰게 한다. 이때 자기소개서에는 글재주로 글을 잘 쓰는 것보다 공감을 불러일으키는 자신만의 경험을 토대로 한 직무능력을 증명하는 스토리를 중심으로 써야 한다.

　따라서 입사지원서에서 좋은 평가를 받을 수 있는 자기소개서를 채워가려면 대학시절 자신만의 스토리가 있는 경험으로 자신의 직무역량을 입증할 수 있는 이야기를 만들어나가야 한다. 스펙보다 풍부한 경험을 바탕으로 나만의 스토리를 만들어 나가야 한다.

기업환경 변화와 채용 변천사

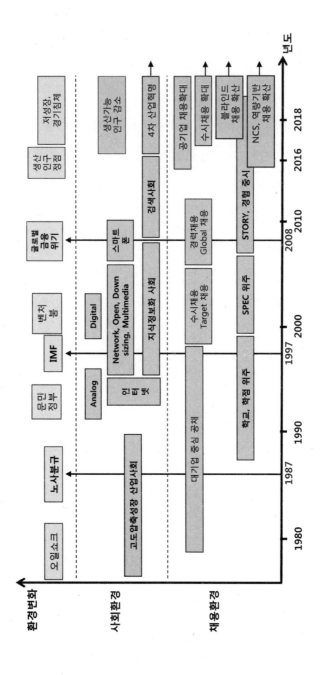

환경변화									
오일쇼크	노사분규	문민정부	IMF	벤처붐	글로벌 금융위기	생산인구 정점	저성장, 경기침체		

사회환경

고도압축성장 산업사회	Analog	Network, Open, Down sizing, Multimedia	스마트폰	생산가능 인구 감소
	인터넷	Digital	지식정보화 사회	4차 산업혁명
				경색사회

채용환경

대기업 중심 공채	학교, 학점 위주	SPEC 위주	경력채용 Global 채용	공기업 채용확대	수시채용 확대	블라인드 채용확산	NCS, 역량기반 채용확산
		수시채용 Target 채용	STORY, 경험 중시				

년도: 1980 1987 1990 1997 2000 2008 2010 2016 2018

수석 졸업이면 뭐하나?

"수석 졸업을 하면 뭐 하는가? 취직도 못하는데…"

수도권 지역의 단과대학 수석졸업 여학생이 취직을 하고자 했으나 뜻을 이루지 못하는 일이 생겼다. 학부모가 학교에 찾아와 항의하는 소동까지 벌어졌다. 학생은 성적도 우수하고 정말 모범생이었다. 학교에서 시키는 대로 열심히 공부해서 자격증도 많이 취득했다. 소위 말하는 스펙을 완벽하게 갖췄다.

그런데 어쩔 것인가? 기업에서 성적만 우수하다고 직무능력을 증명하는 직간접 경험이 없는 학생을 선호하지 않는 것을! 아무리 성적이 우수하고 스펙이 좋아도 설 자리가 없어지는 것을!

사회를 알고 나를 알기 위해서는 다양한 경험을 해야 한다. 백문이불여일견(百聞不如一見), 백번 듣는 것은 한번 보는 것보다 못하다.

대학생으로서 할 수 있는 아르바이트, 봉사활동, 인턴이나 현장실습, 각종 연합동아리 활동, 해외연수, 국내외 여행 등의 다양한 경험을 해나가야 한다. 쓸모없는 경험은 없다. 학생으로서 할 수 있는 경험은 최대한 많이 해봐야 한다.

그리고 진정 자신이 원하면서 하고 싶은 일이 무엇인지 알아야 한다. 잘할 수 있는 것, 좋아하는 것, 적성, 성격, 개성 등을 제대로 알기 위해서 여러 경험을 통해 스스로 자신을 테스트해 봐야 한다. 이미 알고 있다 생각하더라도 자신이 알고 있는 것이 착각이나 오류는 아닌지 경험을 통해 끊임없이 확인해 나가야 한다.

연매출 300억 규모의 IT업계의 중소 소프트웨어 개발 전문회사 사장이 들려준 이야기다.

대학에서 IT계열을 전공한 신입여사원을 소프트웨어 개발직으로 채용해서 교육 후 업무를 배정했는데 적응을 하지 못했다고 한다. 개발업무가 어려워 그런 것 같아 유지보수 서비스 업무를 맡겼는데 역시 적응을 못해 본인도 괴로워하고 회사도 난처한 상황에 처하게 된 것이다. 결국 입사 6개월째 여사원과 협의하여 해고통보를 하고 2개월간의 유예기간을 줘서, 급여는 지급하되 업무는 하지 않고 다른 직장을 알아보도록 배려해 준 것이다. 그렇게 여사원은 서울의 대형병원 행정직으로 재입사를 했고, 지금은 그곳에서 행정업무를 잘 수행하고 있다고 한다.

대학에서 IT를 전공했지만 소프트웨어 개발이 적성에 전혀 맞지 않은 직무에 도전했다가 첫 직장에서 시행착오를 겪었지만, 다행히 좋은 사장을 만난 덕분에 뒤늦게라도 자신의 길을 찾아간 학생의 사례가 주는 교훈은 무엇인가?

학창시절에 끊임없이 자신을 알기 위해 노력해야 한다. 여학생처럼 취직부터 해놓고 좋은 사장을 만나기를 기대하는 것은 정말 힘든 일이다.

학교에서 주관하는 해외연수 프로그램에 참여한 공대 3학년 학생의 이야기다.

학생은 뉴질랜드의 벤처기업 순방과 현지에서 기업 근무 체험을 하고 돌아온 후 외국생활에 관심을 갖기 시작했다. 겨울방학을 이용해 호주에 워킹 홀리데이를 다녀와서 자신이 사람 상대하기를 좋아하고, 다른 문화에 관심이 많다는 사실을 확인하고는 관광통역안내사로 진로를 변경했다. 4학년 때 한국관광공사에서 발급하는 자격증을 준비하고, 외국인에게 멋진 관광가이드를 위해 시간 나는 대로 관광지를 순례하며 여행 가이드 공부를 하며 사회진출을 준비하고 있다.

요즘은 대학에서 학생들의 진로를 체계적으로 가르치기 위해 과목명은 다르지만 진로설계를 위해 필요한 것들을 교양과목으로 가르치고 있다. 따라서 전공도 중요하지만, 이런 기회를 활용해서 자기 자신에 대해 진지하게 점검해 보고 진로를 설계해 간다면 큰 도움을 얻을 수 있다.

대학시절 진로설계, 생애설계를 세워보는 것은 정말 중요한 일이다. 이때 염두에 둬야 할 것은 '크게, 멀리 보는 것'이어야 한다. 중요한 것은 속도보다 방향이다. 먼저 방향을 정하고, 그렇게 정한 방향을 향해 느리더라도 멈추지 않고 꾸준히 일관성 있게 실천해 나가는 것이 중요하다.

국민대학교는 70주년을 맞이하여 학생들이 미래의 나의 모습을 작성해서 타임캡슐에 보관하고 10년 후에 열어보도록 하는 행사를 가졌다. 한밭대학교에서도 개교 90주년 때 이와 유사한 행사를 가졌다. 모두 학생들에게 자신의 미래를 생생하게 그려보는 시간을 갖게 한 것이다.

요즘 대학교에서는 이런 식으로 학생들의 진로설계, 생애설계를 세워주기 위해 노력하고 있으니, 학생들이 적극적으로 관심을 갖고 참여하면 좋은 성과를 얻을 수 있다. 부디 목적의식을 갖고 적극적으로 참여하고 배운 대로 실천하는 노력을 기울였으면 한다.

제발 생각을 트고, 말문을 트자

"질문 없나요?"

" ....."

"자, 그럼 수업 마치겠습니다."

강의실에서 학생들이 질문을 하지 않아 교수와 학생 간에 흔히 볼 수 있는 모습이다. 왜 이런 현상이 나타날까?

2010년 서울에서 개최된 G20정상회의 폐막 기자회견에서 미국의 버락 오바마 대통령의 연설 중 일어난 일은 우리에게 치욕을 선사했다.

오바마 : 한국 기자들에게 질문권을 드리고 싶군요. 정말 훌륭한 개최국 역할을 해주셨으니까요.(연설 중 갑자기 오바마 대통령이 한국 기자들에게 질문권을 준다. 그러나 장내는 조용하다. 그야말로 어색한 침묵이 흘렀다.)

오바마 : (주위를 돌아보며) 누구 없나요? 누구 없나요? (계속 기회를 줘

도 질문하는 한국 기자가 없자 주위를 환기 시키려고 농담으로) 한국어로 질문하면 아마도 통역이 필요할 겁니다. 사실이지 통역은 꼭 필요하겠지요. (계속되는 질문 요청에 대응자가 없는 상황에서 갑자기 동양인 남자가 마이크를 잡고 일어선다.)

동양인 : 실망시켜 드려 미안합니다만, 저는 중국기자입니다. 제가 아시아를 대표해서 질문해도 될까요? (중국 CCTV의 루이청강 기자였다. 오바마 대통령은 난처한 표정을 짓는다.)

오바마 : 하지만 공정하게 말해서 저는 한국기자에게 질문을 요청했습니다. 그래서 제 생각에는⋯.

동양인 : 한국 기자들에게 제가 대신 질문해도 되는지 물어보면 어떨까요? (중국 기자는 얄미울 정도로 계속 질문을 허락해 줄 것을 강하게 요청한다. 일이 커지는데 한국 기자들은 도대체 뭘 하고 있는 건가?)

오바마 : 그건 한국 기자들이 질문하고 싶은지에 따라 결정되겠습니다. 누구 질문할 분 없나요? 아무도 없나요? 아무도 없나요?(그래도 질문하는 한국 기자는 아무도 없다.) 하하하⋯.

몇 번이고 아무도 없느냐고 말하던 오바마 대통령이 결국 허탈한 웃음을 지으며 난감한 상황이 계속된다. 그러다 결국 질문권은 중국 기자에게 넘어가고 말았다.

서울 한복판에서 왜 이런 일이 벌어진 것일까?

이것은 기자들만의 문제가 아니다. 질문을 잃어버린 대한민국의 문제다. 도대체 한국 기자들은 국제적인 망신을 당하면서까지 왜 질문을 못한 것일까?

삼성에서 31년 동안 근무한 나는 대학강단에 처음 설 때 무척 떨렸다. 학생들로부터 어떤 질문을 받을지 몰라서 긴장했기 때문이다. 하지만 나의 떨림은 기우에 불과했다. 강단에서 질문하는 학생을 거의 만나지 못했다. 어느덧 3년이 지난 지금까지 학생들로부터 공개적으로 질문을 받은 것은 손가락을 셀 정도로 매우 적다.

적극적으로 생각하고 질문하는 노력을 기울이자. 그러기 위해서는 무엇보다 먼저 생각을 트고, 말문을 터야 한다. 기회 있을 때마다 토론을 즐기고, 다른 사람과 소통하기 위해 자신의 생각을 적극적으로 표현하는 노력을 기울여야 한다.

학교자원을 최대한 활용하자

"교수님, 무엇을 해야 할지 모르겠어요."

취업아카데미 동아리에서 활동하던 여학생이 4학년 1학기가 끝나가는 시점에 면담을 요청했다.

"무슨 일을 하고 싶은데요?"

"글쎄요, 그걸 모르니 답답할 지경이에요."

학생은 무엇보다 자신이 원하는 직무조차 몰랐다. 그래서 막연하게 취업 시기를 연장해서라도 여름방학부터 준비를 하고 싶다고 했다.

"방학 동안에 무엇을 준비할 건가요?"

졸업을 한 학기 남긴 현재 토익이 840점인데, 지금부터 매달려서 900점으로 올리겠다고 했다. 대학 4년 동안 열심히 공부한 학생이다. 학회활동을 하면서 교환학생도 다녀오고, 장학금도 타보고 했는데 어디에 취업을 해야 할지 몰라 억울하기까지 하다고 했다. 열심히 했는데 준비된 것이 없는 것 같아 불안하다는 말을 되뇌다시피 했다. 무엇보다 불안한 마음을 달래 줄 필요가 있었다.

"내가 보기에 학생은 성실하고 꾸준한 사람이라 기업에서 꼭 필요로 하는 인재형이라고 생각합니다. 그러니 지금이라도 본인이 어느 산업군에, 어느 직무가 맞는지 학교의 취업지원센터를 찾아 점검해 보는 게 좋겠네요."

그밖에 이런저런 이야기를 나눈 후 "이제야 희망을 봤다"며 밝은 얼굴로 상담을 끝내고 나간 학생이 얼마 후 문자를 보내왔다.

"교수님의 말씀을 듣고 울컥했습니다. 아무것도 준비된 것이 없다고 생각한 내가 많은 것을 갖고 있다는 것을 알게 되면서 삶의 의욕이 살아났고 자신감도 생겼습니다. 이제 무엇을 해도 자신감을 갖고 더 열심히 하겠습니다."

학생은 졸업을 앞두고 모두가 바라는 좋은 기업의 인턴으로 합격했다는 소식을 전해주었다. 내가 불안해 하는 학생에게 해준 건 자신감을 갖도록 자신이 갖고 있는 것을 일깨워주고, 학생이 잘할 것 같은 직무를 찾도록 가이드 해준 것이 전부였다. 그럼에도 희망을 찾아 간 학생을 보면 뿌듯한 성취감이 들었다.

상담을 요청하는 학생들은 대개 웬만큼 갖춘 것이 많은 경우가 많다. 그렇지 않은 학생들은 상담조차 오지 않는다. 진로에 관한 문제는 스스로 많은 생각을 하고, 스스로 답을 찾아나가야 한다. 자신의 진로에 대해 진지하게 고민하고, 주변에 눈을 돌려 찾아보면 도와줄 사람이나 기관은 어디에나 있다.

"나는 내가 생각하는 나보다 훨씬 똑똑하고 괜찮은 사람이다."

먼저 자존감을 갖는 것이 중요하다. 그리고 모든 것을 홀로 하기엔 역부족이라는 것을 알자. 괜히 홀로 고민하며 시간을 허비하기보다 지도교수나 멘토, 상담사나 취업지원관 등을 찾아 자문을 받는 것이 현명한 방법이다.

지금 이 순간에도 여러분이 문을 두드리고 도움을 요청하기만을 기다리는 학교자원을 최대한 활용해 나가자.

Tip. 양(量)보다 질(質)이다

대학생활! 무엇을 할 것인가?

핵심역량을 확보하여 나의 가치를 질(質)적으로 높이자.

무분별한 스펙을 쌓기보다 직무능력을 입증하는 자격증을 선별하여 확보하자.

융복합 시대에 맞춰 전공을 기반으로 융합전공, 연계전공 등 다중전공제도를 활용하여 자신의 질을 높이는 일에 집중하자.

기업 인턴, 창업동아리, 공모전, 경진대회 등 적극적으로 배우는 자세를 갖고 본인만의 경험을 쌓아 차별화 시키는 스토리를 만들자.

양보다 질적인 성장을 위한 Big3 키워드

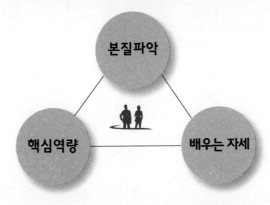

4강

나만의 7·4제를 실행하라

나만의 7·4제는 무엇인가?

나뭇가지에 개구리 5마리가 앉아 있다. 이중 4마리가 나뭇가지에서 뛰어 내리기로 결심했다. 잠시 후 나뭇가지에는 몇 마리의 개구리가 앉아 있을까?

여러분은 어떻게 생각하는가? 단순한 계산으로는 1마리라고 할 수 있다. 하지만 현실적으로는 1마리부터 5마리까지 모두 맞는 답일 수 있다. 왜냐하면 결심을 했다고 모두가 행동까지 옮겼다고 볼 수 없기 때문이다.

이 문제가 우리에게 시사하는 바는 매우 크다. 무슨 일이든 결심만으로 끝내서는 안 된다. 실행에 옮겨야 비로소 일을 했다고 할 수 있다.

사람들이 가장 많이 시도하는 다이어트는 대부분 실패한다. 왜 그럴까? 행동이 안 따르기 때문이다. 그러면 행동을 바꾸기 위해서는 어떻게 해야 할까?

삼성은 7시 출근, 4시 퇴근이라는 극단적인 행동변화를 추진했다. 당시의 상황으로 봤을 때 7시 출근, 4시 퇴근은 가히 혁명이었다.

"마누라와 자식만 빼고 다 바꾸자."

이 말이 의식변화의 핵심이라면, '7시 출근, 4시 퇴근'이라는 7·4제는 행동변화의 진수였다. 생각해 보라. 생각이 아무리 좋다 한들 행동이 뒤따르지 않으면 무슨 소용이 있겠는가?

생각은 누구나 할 수 있어도 행동은 아무나 할 수 있는 것이 아니다. 과감히 실천할 때 가능한 일이다. 당시의 7·4제가 그랬다. 누구도 생각하지 못한 과감한 실천으로 많은 변화를 이뤄냈다.

"행동이 바뀌면 습관이 바뀌고, 습관이 바뀌면 생각이 바뀌고, 생각이 바뀌면 인생이 바뀐다."

여러분은 얼마나 시대 변화를 선도하기 위해 고민하는가? 진로를 설정하기 위해 얼마나 생각하고, 목표달성을 위해 어떠한 준비를 행동으로 하고 있는가? 지금보다 나은 삶을 원한다면 지금 당장 7·4제처럼 행동의 변화부터 실천에 옮길 수 있어야 한다.

오늘날 삼성전자의 기업 가치는 눈부시게 발전했다. 2017년 한때 주식이 주당 286만 원까지 올랐다. 1993년에 삼성전자 주식이 이렇게까지 오르리라 예상한 사람은 거의 없었다. 7·4제와 같은 과감한 실천이 있었기에 가능한 일이었다.

변화는 기존의 질서를 무너뜨리기 때문에 기득권을 갖고 있거나 현실에 안주하는 사람들에게는 두려움으로 다가온다. 따라서 변화를 선도하려면 지금보다 나아지고자 하는 간절함과 변화를 이루기 위한 구체적인 행동의 변화를 실천으로 옮겨야 한다. 행동의 변화가 없다면 어떤 것도 이뤄낼 수가 없다. 성공하고 싶다면 삼성의 성공 DNA인 7·4제를 배워 내 것으로 체화해서 행동하며 실천해나가는 자세가 필요하다.

지금 당장 나만의 7·4제는 무엇인지 찾아보자. 기회는 스스로 준비하는 사람에게 미소짓고, 행동의 변화를 실천하는 사람에게 결실로 다가온다. 기회는 예고 없이 오기에 준비된 사람만이 놓치지 않고 잡을 수 있다. 지금 당장 나만의 7·4제로 구체적인 행동의 변화를 시도해보자.

당장 시간부터 관리하라

"매일 아침 86,400원이 지갑에 채워진다면?"

하루 24시간은 86,400초다. 만약 매일 주어지는 86,400초가 쓰든 안 쓰든 자정을 기해 리셋이 되는 돈이라고 가정해 보자. 당신은 주어진 돈을 쓰지 않고 그냥 리셋이 되게 내버려 두겠는가?

대학입학 후 가장 쪼들리는 것이 시간이다. 중고등학교 때와는 달리 통학 거리도 멀고 시간도 많이 걸린다. 시간표를 아무리 잘 작성해도 수업시간 중간의 공강시간 관리는 장난이 아니다. 동아리 활동, 아르바이트, 봉사활동 등에 소요되는 시간도 만만치 않다. 고학년이 되면 LAB활동, 진로준비, 공인영어시험이나 기사자격 준비까지 하려니 시간이 부족해서 심적인 부담마저 엄청나다.

여기에 이성교제라도 하면 더하다. 미팅하랴, 축제 참가하랴, 친구들과 어울리랴, 여가를 활용한 문화활동까지 하려면 정말 피곤하다.

대학생활에 가장 중요한 것이 시간관리다. 어렸을 때 시간이 느리게 가는 것처럼 느껴지는 것은 뇌과학적으로 증명이 되었다고 한다. 나이를 먹어가면서 시간의 흐름도 빠르게 느껴지는 것을 절실하게 느끼기 시작하는 게 바로 대학시절인 것이다.

그런데 시간의 중요성을 모르고 졸업 후 원하는 직장을 구하겠다며 취업재수를 하는 학생들이 많다. 시간은 한정된 자원이라는 소중함을 모르고, 세월의 흐름을 너무 간과하는 것이다. 지갑 안의 현금이 한정되어 있음을 알아야 아껴 사용하듯이, 시간도 한정되어 있다는 것을 알아야 아껴 쓸 수 있는데 그러지 못하는 것 같아 안타깝다.

시간은 모든 사람에게 공평하게 하루 24시간이 주어진다. 남녀노소, 빈부의 격차에 관계없이 모든 사람에게 똑같이 주어진다. 문제는 그것을 어떻게 사용하느냐에 따라 그 효율성과 성과가 엄청난 차이로 드러난다.

하루에 8시간을 자느냐, 5시간을 자느냐에 따라 하루 24시간을 활용하는 내용은 확연히 달라질 수밖에 없다. 그렇다고 마냥 수면 시간을 줄일 수는 없다. 삶에서 수면도 매우 중요한 역할을 하기 때문이다.

시간은 '어떤 일'에 '어떻게 활용하느냐'가 중요하다. '어떤 일'이란 선택의 문제이고, '어떻게 활용하느냐'는 방법의 문제이다. 같은 일을 하더라도 닥치는 대로 하면 효율성이 떨어진다. 그렇다고 급한 일부터 하다 보면 이상하게 계속 급한 일들이 생겨 마음만 바빠진다. 그렇다고 좋아하는 일부터 하면 나중에 정작 중요한 일을 못한다.

일을 할 때는 중요한 일부터 하고, 중요하지 않은 일은 과감히 포기해야 한다. 중요한 일 중에도 급한 일과 그렇지 않은 일을 순차적으로 할 줄 알아야 한다. 포기할 것은 포기하고, 심혈을 기울여야 할 것과 대충 빨리 해치워야 할 일을 분류해서 행동할 줄 알아야 한다.

이때 중요한 것이 바로 선택과 집중이다. 전공공부, 외국어공부, 아르바이트, 여행, 운동, 친구 사귀기, 취미활동, 노는 것 등이 좋다고 모두 다 할 수는 없다. 포기할 것은 포기하고, 선택한 것에 집중해 나가야 한다.

잊지 말자. 내가 헛되이 보낸 오늘은 어제 죽은 자가 그토록 간절히 살고 싶어 하던 내일이었다는 사실을!

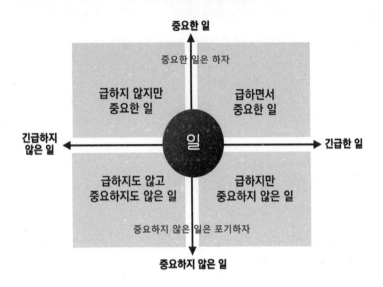

중요도와 긴급도에 따른 일의 종류

가다 보면 길이 열린다

"좀 더 준비한 후에 하겠습니다."

학생들과 상담 중 어떤 일을 권유할 때 많은 학생들이 하는 말이다. 심지어 모의면접 캠프 참여를 권유받은 4학년 학생들조차도 준비를 더해서 참가하겠다며 거부의사를 표시하는 경우가 많다.

완벽한 준비를 한 후 성공가능성이 높을 때 하겠다는 학생들의 마음은 이해한다. 그러나 완벽한 준비가 되는 타이밍은 아마도 평생 오지 않을 수도 있다. 준비가 덜 되었더라도 지금 상태에서 부족한 대로 해보고, 그 경험을 살려 다음 번에 또 해보며 부딪치는 게 낫다.

모의면접 캠프 같은 경우는 어디까지나 연습이고 교육과정일 뿐인데, 여기에도 준비를 더해서 참가하겠다는 건 회피일 뿐이다. 순간순간 부족하더라도 최선을 다해 도전할 것을 권한다.

청년대학생들이 이런 생각을 하는 것은 아마도 대학생활의 패턴에서 오는 습관일지 모른다. 대학에서는 모든 일들을 순차적으로 진행한다. 기초과정을 배운 후 중급, 고급 과정을 공부한다. 대학생들은 예습과 복습을 하며 준비하는 태도가 습관화되어 있다. 준비없이 다음 단계로 넘어가기가 어렵다는 사실을 몸으로 체득했기에 사회진출에 임하면서도 준비를 당연시 하는 것이다.

그래서인지 졸업 후 1년까지 취업준비를 하는 학생들을 흔히 볼수 있다. 하지만 사회는 학교와 달리 준비할 시간을 주지 않는다. 많은 일들이 준비할 여유도 없이 맞닥뜨리는 경우가 많다. 신입사원이라고 봐주는 것도 없다.

2학년을 마치고 IT전공으로 편입학한 졸업반 학생의 사례다. 4학년 여름방학을 마지막 방학이란 생각으로 평소 하고 싶었던 해외여행을 할지, 대기업에서 운영하는 '고용디딤돌' 교육을 3개월간 받고 중소협력사에서 인턴 실습을 할지 고민했다. 고민 끝에 그는 '고용디딤돌' 교육을 선택했다.

그 동안은 편입 후 학점을 따기 위한 공부만 했다. 그저 수업내용을 이해하고 따라가는데 급급했다. 그렇게 시험을 치르고 나면 모든 것을 그냥 잊어버리곤 했다. 그런데 고용디딤돌 교육은 학교 강의와는 달랐다. 모든 교육 과정마다 결과물을 산출해야 했다. 소프트웨어 프로그래밍 개발과 기획, 디자인 담당자가 같은 팀이 되어 팀 단위 결과물을 산출해야 했다. 목적이 명확하니 '왜 배우는지?', '무엇을 하는데 어떻게 사용되는지?' 확실히 알고 이해하며 공부할 수 있었다.

강사도 결과물 산출을 위해 최선을 다 했다. 프로그래밍의 미숙한 부분을 수정 지도해 주는 건 물론이고 요구사양서 작성, 데이터베이스 설계, 산출물 도출을 위해 학생의 질문에 성실히 응해 주었다.

효과적인 산출물 도출을 위해 스스로 더 많은 공부를 해야 했다. 산출물이 가동될 때 학점을 받은 것 이상의 성취감을 느꼈다.

'왜 진작 이렇게 못했을까?'

학교에서 전공공부할 때의 모습이 떠올라 아쉬움과 후회를 느끼기 시작했다. 고용디딤돌 교육을 받지 않았다면 어떻게 이런 깨달음을 얻을 수 있었을까? 스스로 사회진출에 앞서 기업체 인턴 과정을 찾아 3개월간의 기업체 교육 참여를 함으로써 얻은 소중한 경험이자 자산이었다.

학생은 1월초 50여일의 일정으로 유럽 배낭여행을 떠났다. 평생처음 해보는 유럽여행이었다. 모두들 4학년으로 졸업을 코앞에 둔 시점에 웬 여행이냐고 핀잔을 주는 이가 많았지만 지금 아니면 기회가 없을 것 같다며 내린 결단이다. 지도교수인 내게 자문을 구할 때 나는 "평생 후회할 것 같으면 마음 닿는 대로 하라"며 여행을 권했다.

2월말 귀국 후 중견기업을 목표로 취업활동을 했다. 지금은 수도권의 중견 IT기업에 취업하여 성실한 직장인으로 생활하고 있다.

어떤 일이든 할까 말까 고민하지 말자. 순간순간 최선을 다하다 보면 신기할 정도로 그때마다 길이 생긴다.

"계획하지 않은 예상 밖의 일들이 우리 생을 바꾼다."

기대하지 않았던 우연한 일들이 새로운 인연이 되어 새로운 가치를 창출하게 된다. 이와 같은 현상을 세렌디피티(Serendipity)라 한다.

세렌디피티는 뜻밖의 발견이나 발명, 또는 생각지 못한 귀한 것을 우연히 발견하는 능력, 또는 행운을 의미한다. 영국의 18세기 문필가였던 호레이스 월폴의 페르시아 동화 『세렌디프의 세 왕자들』에서 여행에 나선 세 왕자가 연이은 우연으로 다양한 경험을 하면서 지혜와 용기를 얻는 이야기에서 유래된 말이다. 최근 환경이 급변하면서 뜻밖의 아이디어로 성공한 기업이나 사람이 다수 출현하면서 우연처럼 보이지만 사실은 준비된 기업이나 사람만이 누리는 특권을 얻는 현상에 많이 쓰이는 말이다.

요즘 기업에서는 세렌디피티를 얻기 위해 자유로운 조직문화를 창출하며 혁신을 시도한다. 자유로운 분위기 속에서 뜻밖의 아이디어가 나와 성공하는 경우가 많다는 것을 경험했기 때문이다.

독일의 화학자 케쿨레는 오랜 기간 연구에만 몰두했다. 어느 날 낮잠에 빠졌다가 꿈에서 자기 꼬리를 먹는 그리스 신화의 뱀을 보고 퍼뜩 깨었다. 꿈을 통해 10년 동안 연구했어도 발견하지 못한 탄소분자들의 분자구조를 순식간에 이해할 수 있었다. 그가 꿈을 통해 분자구조를 이해하게 된 것은 우연인 것 같지만 결코 우연이 아니다. 그동안 끊임없이 꼬리를 물었던 생각들이 한 순간에, 그동안 생각지 못한 것을 얻게 한 것이다.

매사에 최선을 다해야 한다. 어떤 어려움에 봉착하더라도 멈추지 말고 끊임없이 행동하고 실천하다 보면 마치 준비된 우연처럼 일이 술술 풀리는 경험을 할 수 있다. 우연이라고 볼 수 없는 준비된 우연, 아니 운명 같은 우연들이 펼쳐지는 경험을 할 수도 있다. 바로 세렌디피티의 경험을 만끽할 수 있는 것이다.

현실에 안주하지 말자. 좀 더디더라도 목표를 향해 스스로 찾아나가자. 지금과 다른 뭔가를 시도하고 행동해 나가다 보면 생각지도 못한 곳에서 인생의 새로운 문이 열리는 날을 맞게 될 것이다.

최선을 다하는 것으로 승부하라

"군입대로 신병훈련소에 입소하는 날 아침까지 소프트웨어 프로그래밍 코딩을 했다."

어느 대기업 입사지원서의 자기소개서에서 최고로 평가받은 글 중에 일부다. 마지막 순간까지 최선을 다해서 자신이 하고자 하는 일에 최선을 다했다는 자세가 좋은 평가를 받은 것이다.

자신이 좋아하는 일에 최선을 다하는 사람은 어떻게든 빛을 발하게 된다. 지금 당장 성공하지 못하더라도 언젠가는 자신의 영역에서 진가를 드러내기 마련이다.

기업에서는 이런 자세를 높이 평가한다. 진정으로 성공하고 싶다면, 성공에만 목을 매지 말고 자신의 분야에서 끝까지 최선을 다하는 자세를 가질 필요가 있다.

자신의 분야에서 최선을 다 했다면 성공여부에 상관없이 그것으로 좋은 평가를 하여 채용하는 기업이 늘고 있다. 설사 실력이나 자원이 부족해서, 또는 운이 없어 성공하지 못했더라도 그것은 성공으로 가는 초석이 될 수 있기 때문이다. 기업에서는 오랜 경험으로 이런 젊은이를 채용했을 때 성공하는 경우가 더 많다는 것을 알고 있다.

사람마다 인생의 가치관이 다르다. 개인이 추구하거나 실현하고자 하는 목표나 행동의 기준이 다르다. 마찬가지로 직업선택의 기준 또한 다를 수밖에 없다.

어떤 사람은 돈을 최고로 여기는가 하면, 어떤 사람은 업적, 또 어떤 사람은 권력을 최고의 가치로 여기며 그것을 이루기 위해 목숨까지 바치는 경우가 많다.

하지만 모든 사람에게는 공통점이 있다. 바로 누군가에게 성공한 사람으로 기억되기를 바라는 마음이다. 자신이 최고의 가치로 여기는 돈으로, 업적으로, 권력으로 성공한 사람으로 인정받고 싶어 하는 인간의 기본 욕구가 자리 잡고 있는 것이다.

여러분은 무엇을 최고의 가치로 여기고 있으며, 무엇으로 성공한 사람이라고 기억되기를 바라는가?

자신이 최고의 가치로 여기는 것이 있다면 그것을 얻기 위해 최선을 다하는 모습을 보여라.

그렇게 최선을 다하는 모습들이 쌓이고 쌓이면, 언젠가 그것이 큰 빛을 발하는 성과를 이루게 될 것이다.

최선을 다한 실패는 또 다른 성공이다

"Try it Error. 실패도 자산이다. 실패는 성공의 어머니다."

이 말은 반은 틀리고 반은 맞는 말이다. 대충 뭔가를 하다가 실패한 것은 진짜 실패일 뿐이다. 대충하다가 실패한 경험까지 자산이라고 할 수는 없다. 하지만 최선을 다하고 실패한 것이라면 정말 소중한 자산일 수 있다. 성공의 어머니가 될 수 있다.

"실패는 성공을 위한 디딤돌이다. 많은 한국의 젊은이들이 굉장히 주눅이 들어있다고 알고 있는데 나를 봐라! 나만큼 실패한 적이 있는가? 나는 누구한테도 정말 당당히 이야기 할 수 있다. 실패가 나를 만들었다!"

중국 알리바바 그룹의 마윈 회장은 한국을 방문했을 때 이렇게 말했다. 그가 성공하기까지의 실패는 이루 헤아릴 수 없다.

학창시절에는 중고등학교 입시에 3번이나 낙방했고, 대학 입시에서도 역시 3번이나 낙방했다. 미국 하버드 대학에 입학지원서를 10회 제출했지만 10회 모두 낙방했다.

사회에 진출할 때는 켄터키프라이드 치킨에 입사지원을 했는데

24명 응모하고 23명이 합격할 때 달랑 1명이 탈락하는 자리에 그의 이름이 있었다. 지방 경찰에 지원했을 때도 비슷한 실패를 거듭했다. 지원자 25명 중 24명이 합격하고 1명이 탈락하는데 역시 그 자리에 이름을 올렸다.

하지만 그는 주저앉지 않았다. 자신만의 차별화된 영어실력으로 영어교사를 했다. 인터넷의 발전과 벤처 붐이 일어나는 변화를 보고 인터넷 상거래에 도전했다. 그리고 마침내 전자상거래 업계에서 세계를 선도하는 알리바바 그룹의 총수로 성장했다.

교수로 재직하면서 다양한 사정으로 주눅 들어 있는 학생들을 많이 보았다.

부모의 화려한 학벌과 직업에 견줘볼 때 초라하게 보이는 자신의 처지 때문에 좌절하는 학생이 있는가 하면, 반대로 부모가 별로 내세울 것이 없어 할 게 없다며 좌절하는 학생도 보았다.

집은 서울인데 지방대에 진학해서 자존감을 상실한 학생이 있는가 하면, 반대로 지방에서 서울에 있는 대학에 진학했지만 서울 생활이 힘들어 방황하는 학생도 있다.

이럴 때 필요한 것이 자존감 회복이다. 자존감을 회복하기 위해서는 작은 영역에서라도 성공경험을 쌓아가야 한다. 그러기 위해서는 실패를 두려워하지 말고 뭔가 시도를 해야 한다. 열심히 하다가 실패를 하면 그 실패경험까지 자산으로 여기는 자세를 가져야 한다. 그러다 보면 점차 성공경험이 축적되는 경험을 할 수 있다.

작은 영역이란 전공공부나 경진대회 뿐만 아니라 학과 MT에서의 장기자랑도 포함된다. 무엇이든지 적극적으로 참여해서 그 안에서 성취감을 느껴보는 것이다. 장기자랑에서 일등을 하거나, 운동회에서 장려상이라도 타서 작은 성취감을 느껴보는 모든 경험이 다 여기에 해당된다.

성공경험을 쌓아간다는 것은 많은 의미가 있다. 세상에서 가장 높은 산은 에베레스트산이다. 세상에서 가장 긴 강은 아마존강이다. 그렇다면 세상에서 두 번째로 높은 산은 어디인가? 세상에서 두 번째로 긴 강은 무엇인가? 또는 세상에서 가장 낮은 산은 어디인가? 세상에서 가장 짧은 강은 무엇인가?

이 말에 자신있게 답할 수 있는 사람은 많지 않다. 하지만 이것만은 분명하다. 세상에서 제일 높은 산을 오른 사람도 반드시 낮은 산부터 오른 경험이 축적되었기에 가능한 것이다. 세상에서 제일 긴 강을 탐험한 사람도 마찬가지다. 긴 강을 탐험하기 전에 작은 강에서 수많은 실패 경험을 했고, 그런 실패 경험을 바탕으로 성공에 이르는 자산을 축적했기에 가능했던 일이다.

무슨 일이든 실패를 두려워하지 말고 실천해 보자. 실천만이 자존감을 회복하는 길이고, 실천만이 꿈을 이뤄가는 길이다. 작은 일이라도 실행을 통해 얻게 되는 성공경험은 더 크고 중요한 실행계획을 실천하는 원동력이 될 수 있다.

지금 당장 실천하자. 실패하면 소중한 자산을 챙길 수 있고, 성공하면 성취감을 맛보며 더 큰 일을 실천해 나가는 길에 들어설 수 있다.

걱정을 해서 걱정이 없다면

"걱정을 해서 걱정이 없어지면 걱정이 없겠네."

- 티벳 속담

요즘 청년대학생들은 주변에서 듣거나 인터넷 등에서 본 정보는 많다. 그런데 이런 정보는 대부분 "~하더라."는 식으로 정확도가 떨어져 사실이 아닌 경우가 많다. 또한 한때는 맞는 정보였지만 지금은 환경의 변화로 현실과 동떨어진 정보인 경우도 많다.

문제는 학생들이 이런 '~하더라.'는 식의 정보로 고민한다는 것이다. 생각이 생각을 낳듯이, 잘못된 정보를 바탕으로 한 상상의 날개는 고민만 낳게 하고 현실과 동떨어진 길로 가게 만든다.

생각을 많이 하는 건 좋은 일이다. 하지만 그 생각이 정확하지 않은 정보를 바탕으로 한 걱정이라면 문제가 있다. 이때는 티벳 속담을 수시로 되뇌는 것도 좋은 방법이다. 걱정을 한다고 걱정은 없어지지 않는다.

● Speed 시대, 어떻게 살아갈 것인가

학생들과 상담을 하다 보면 힘들어 하는 이유는 크게 세 가지가 있다.

첫째, 자신이 필요로 하는 정보가 없어 힘들어 한다.

둘째, 많은 정보는 가지고 있지만 정리가 되지 않아 힘들어 한다.

셋째, 필요한 정보와 입수한 정보를 정리했지만 선택하는 결정을 못해 힘들어 한다.

이것들은 모두 정확한 정보를 바탕으로 최선을 다하면 단 한번에 해결할 수 있는 고민들이다.

"사람은 한 일에 대한 후회와 하지 않은 일에 대한 후회 중에 하지 않은 일에 대한 후회를 더 크게 오래 가져간다."
- 노스웨스턴대학 닐 로스(Neal J Roese) 교수

누구나 스스로 판단해서 한 일에 대한 후회는 오래 가지 않는다. 이미 일어난 일이기 때문에 그 결과가 잘못됐더라도 '그만한 가치가 있었다'고 정당화하기 때문이다. 그러나 하지 않은 일에 대한 후회는 쉽게 정당화할 수 없다. 그래서 죽을 때까지 후회하는 경우도 있으며 엄청난 에너지를 소비하게 한다.

지금과 같은 스피드 시대에는 어떤 일을 하지 않고 평생을 후회하느니, 실패하더라도 과감하게 도전해 보는 것이 그만큼 더 행복한 삶을 살아가는 좋은 방법이다.

'언젠가 나는 무엇인가 할 거야.'

지금 이렇게 생각하고 있다면 먼저 이 생각부터 바꿔야 한다. 돌다리도 두들겨보고 지나가는 시대는 지났다. 지금은 스피드 시대

다. 돌다리를 두들겨 보고 건너다가는 휙 지나가는 기회를 구경도 못하고 놓쳐버릴 수 있다. 많은 사람들이 완벽한 타이밍을 기대하지만 스피드 시대에 완벽한 시간을 기다리다간 뒤쳐질 수밖에 없다.

지금 당장 '언젠가'를 '지금'으로 바꿔라.

지금(present)은 내가 가진 최고의 선물(present)이다.

어차피 망설이다가 후회할 거라면 나중에 후회하지 않기 위해서라도 주저하거나 미루지 말고 지금, 바로 지금 시도해보는 것이 좋다.

Tip. 나만의 7·4제를 실행하라

아침형 인간으로 변화를 시도하자.

아침은 뇌의 활동이 활발해지는 시간이다. 아침에 일찍 일어나는 사람은 자기만의 시간을 갖고 하루를 설계하면서 알차게 보낼 수 있다. 지금도 많은 기업의 임원들은 보통 6시 반에 출근해서 이메일이나 신문을 보며 하루 일과를 계획하면서 하루를 연다. 누구보다 일찍 업무계획을 수립하고 일정을 점검하면서 본인만의 시간을 갖는다.

사원의 입장에서가 아니라 기업체를 책임지고 경영하는 CEO의 입장에서 일을 수행하는 시각을 가져보자.

지금 당장 긍정마인드로 시간 관리를 해나가자. 근본적으로 많은 것이 바뀌는 경험을 하게 될 것이다.

나만의 7·4제를 실행하기 위한 Big3 키워드

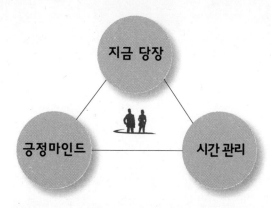

지금 당장

긍정마인드 — 시간 관리

5강

한 방향으로 함께 하라

⟩ 확실한 인성으로 승부하자

"대학에서는 제발 학생들이 성실하게 회사에 대한 충성스러운 정신을 갖도록 지도해 주세요! 어차피 전문지식은 회사에서 가르치고 일 시킵니다. 성실하고 회사에 애착을 갖는 친구들을 보내주세요. 회사는 납기를 못 맞춰서 애를 태우는데, 퇴근해 버리면 회사는 어떻게 월급을 줍니까?"

어느 중견기업 CEO의 하소연이다. 스펙이나 자격증을 거론하는 경영자는 만나기 힘들었다. 오히려 이렇게 덧붙이는 이들이 많았다.

"공인 영어성적이요? 회사에서 수행하는 직무에 영어가 필요하지 않은데 굳이 요구할 필요가 있을까요? 학점이나 기사자격도 굳이 중요하게 보지 않습니다. 학점 좋고 기사자격이 있으면 일 좀 배웠다 싶으면 다른 곳으로 옮기는 학생이 많아 오히려 뽑기가 좀 그렇습니다. 또한 졸업한 지 2년이 넘는 친구들은 대부분 공기업이나 공무원 준비를 하다가 더 이상 안 되겠으니 중소기업이라도 취업하겠다며 응시하는 경우가 많아 좋게 보지 않습니다."

"그렇다면 신입사원 뽑을 때는 어떤 점을 중요하게 여기나요?"

"인성과 태도가 최우선이죠. 직무관련 경험이 있으면 더 좋고요. 요즘 신입사원들은 일을 가르쳐도 독자적으로 수행하는 수준이 되려면 최소 1년 정도 걸립니다. 이렇게 가르쳐서 일을 수행할 만하면 자신이 잘난 줄 알고 다른 회사로 이직하는 경우가 많아요. 회사로서는 엄청난 손실이죠. 그래서 꼭 필요할 때는 경력사원을 뽑고 신입사원은 아예 뽑지 않을 때도 있어요."

대부분의 일반기업에서는 취업 현장에서 학점이나 학벌, 영어점수와 같은 스펙은 기본만 갖추면 충분하다고 보는 경우가 많다. 현재 공기업에선 블라인드 채용 과정에서 직무능력의 객관적인 판단 기준이 마련되지 않았기에 직무와 관련된 자격증에 가점을 주고 있는 것이 현실이다. 그래서 자격증은 꼭 따야 하지 않냐고 반문할 수도 있겠지만, 그것은 어디까지나 직무와 관련된 것으로 국한시키는 것이 좋다. 앞으로 직무능력을 객관적으로 평가할 수 있는 기준이 마련된다면 공기업에서도 자격증 가점부여 제도를 없앨 수 있다.

일부 중소기업에서는 신입사원에게 입사 후 바로 또는 최대한 빠른 시일에 직무를 맡기고 성과를 요구하는 경우가 있다. 이런 기업을 지원할 때는 신중하게 따져봐야 한다. 이런 기업일수록 채용 과정에서 전공지식이나 이를 활용한 직무경험 등을 중요하게 평가한다. 인성면접보다는 기술면접만을 중요하게 여기는 기업은 취업 후에 많은 문제를 일으킬 확률이 높다. 이런 기업은 회사의 발전이나 직원의 성장보다는 원가절감을 통한 이익확보에만 치중하는 기업일 수 있기 때문이다.

경영정보 학부를 졸업한 홍종찬 군은 소프트웨어회사를 마다하고 제약회사 영업사원으로 입사해서 1년 이상을 근무한 후에 이렇게 말했다.

"'내 능력으로 잘해서 나를 무시하지 못하게 할 거야!'라는 취업준비생들이 많은데, 이게 정말 잘못된 사고라는 것을 알게 되었습니다. 사회는 질서가 있기에 윗사람을 편하게 해주는 자세가 필요하다는 것을 알게 된 것이죠. 즉 사회에는 기성세대가 있기에 그들과 조화를 이루는 자세가 필요하고, 그것을 빨리 알아차려 현실에 잘 적응하는 것이 개인의 능력보다 더 중요한 경쟁력으로 작용한다는 것을 알게 된 것이죠."

그렇다. 사회는 인성을 중요시 한다. 이를 반영하듯 합숙면접, AI

면접 등을 실시해서 지원자의 태도를 평가하는 기업이 늘고 있다. 하지만 현실에 얼마나 잘 적응하느냐와 같은 인성은 결코 학교 강의실에서 이론만으로 배울 수 없다. 일상에서 습관으로 몸에 익혀 나가야 한다. 합숙면접이나 AI면접 등은 바로 이렇게 일상에서 몸으로 익힌 습관을 중요한 평가요소로 여기고 있다.

취업을 고민한다면 먼저 이런 현실을 직시해야 한다. 신입사원을 채용하는 기업의 관심사는 영어성적이나 자격증보다 몸에 밴 습관으로 현실에 잘 적응하며 직무를 수행해 나가는 '인성'에 방점을 찍고 있다.

노트7의 단종은 왜 일어났을까?

"어떻게든 우리가 먼저야!"

2016년 10월, 삼성은 최고의 스마트폰인 노트7을 출시한 지 3개월 만에 단종에 들어갔다. 노트7의 배터리 부분에서 불이 나서 사회적으로 물의를 일으켰기 때문이다. 그때 삼성전자는 발화의 구체적인 원인을 규명하지 못하고 섣불리 리콜과 단종을 발표하면서

3/4분기 최대의 영업 이익을 눈앞에 두고 기회손실을 포함하여 7조 원이 넘는 손실이라는 초대형 악재에 부딪혀야 했다. 한국 상장기업의 영업이익 감소는 물론 한국경제의 위기로까지 번지면서 많은 어려움을 겪어야 했다.

그 이유는 무엇일까? 삼성전자는 그동안 성과 우선주의로 내부의 경쟁을 과열시켰다. 그러다 보니 삼성 관계사 간에 생기는 소통을 소홀히 여기고 성장에만 매달린 것이 문제를 일으켰다. 소통이 부족하다 보니 초기에 제품의 이상 징후를 발견하지 못했고, 그 결과는 엄청난 손실로 다가온 것이다. 그 후로 문제점을 알아차린 삼성전자는 노트7의 단종을 반면교사로 조직 이기주의를 타파하려는 노력을 지속적으로 시도하고 있다.

> "조직의 모든 분야에서 결정적인 이슈들을 찾아서 용기를 가지고 실행할 수 있는 많은 리더가 필요하다."
> - 인텔 엔디글로브 회장

시대에 맞는 인재가 되기 위해서는 나만의 부서가 아니라 회사 전체의 이슈를 내 문제로 받아 들여 적극적으로 해결해 나가는 참여, 협력, 소통, 개방의 자세를 갖춘 인재가 되어야 한다.

조별 과제 우습게 여기지 마라

"교수님, 묻어가는 조원이 많습니다. 바쁘다고 전혀 안 나타납니다. 한두 명만 참여를 하다 보니, 괜히 저만 고생을 했습니다. 팀 전체로 평가하지 말고 개인별로 평가해 주세요."

문제해결 능력을 길러주기 위해 학생들이 과제를 기획, 설계, 제작하는 전 과정을 팀워크(Team work) 활동으로 수행하는 '캡스톤 디자인' 과목에서 조별과제를 내주는 수업 시간에 이렇게 불평을 드러내는 학생들이 많다. 심지어 혼자서 조별과제를 다 했으니 자신만 좋은 점수를 달라고 찾아오는 학생들도 많다.

그래서 한동안 기말시험에 조별 과제에 대한 조원 기여도를 학생들이 작성하여 제출하게 한 적이 있다. 대부분의 학생이 자신을 빼놓고 상대에게 나쁜 평가를 주는 현상이 나타났다. 결국 개인별 기여도 평가는 포기하고, 조 단위 평가를 하고 있다.

학생들이 문제를 제기하는 것을 들을 때는 조별과제를 없애는 것이 편하지만, 학생들의 진로를 위해서는 어쩔 수 없이 조별과제를 실행할 수밖에 없다는 것을 밝힌다.

회사생활은 그 자체가 팀 플레이다. 학창시절에 팀워크를 훈련해야 한다. 회사생활에 잘 적응하려면 팀워크 활동이 불편하고 어렵더라도 개인플레이보다 팀을 위한 일을 습관화하는 노력을 기울여야 한다.

✦ 일등과 차별화는 다르다

"1등은 하는 것도 어렵지만 유지하기는 더욱 어렵다."
"1등으로 될 것인가? 차별화로 조화를 이룰 것인가?"

우리는 일등만을 지향하는 시대를 살아왔다. 지금도 그 여파는 사회 여기저기에 남아 경쟁만이 전부인양 여기며 일등을 지향하는 이들이 많다. 하지만 현실은 일등주의의 폐해가 많이 나타나고 있다. 두 사람 이상의 협업을 필요로 하는 단체활동이나 조직생활에서는 더욱 그렇다.

2002년 월드컵 출전을 앞두고 우리나라 축구감독으로 영입된 거스 히딩크 감독은 처음에 엔트리에 2배수의 선수를 선발하여 훈련을 시작했고, 훈련을 거쳐 월드컵 최종 출전 엔트리를 선발했다. 이 과정에서 히딩크 감독은 패스 안 하고, 열심히 안 뛰고, 팀워크보다 자신의 골에만 욕심내는 선수는 아무리 우수해도 탈락시켰다. 반대로 자신이 제시한 이 원칙을 잘 지키는 선수는 신인이라도 과감히 선발했다.

축구는 11명 이상이 협업을 해야 하는 경기다. 일등만을 추구하는 사람이 있다면 개인적인 성취는 이룰 수 있을지 몰라도 팀은 무너질 수밖에 없다. 히딩크 감독은 이것을 잘 알았기에 조직의 성과를 위한 원칙을 우선으로 세웠고, 그 원칙을 적용해서 전무후무한 대한민국 월드컵 4강신화를 이룰 수 있었다.

기업을 운영하는 경영자들도 이런 사실을 잘 알고 있다. 개인적으로 아무리 뛰어난 사람이라도 조직을 우선으로 여기지 않고 일등주의에 빠져 있는 사람은 걸러낼 수밖에 없다. 더 이상 일등만을 추구하는 사고로는 버텨내기 힘들다.

차별화라는 말을 일등주의로 잘못 아는 사람들이 많다. 그래서 자신의 능력을 최고로 발휘하기 위해 튀는 행동을 하는 경우가 많다. 물론 현실은 이렇게라도 일등을 해야 살아남는 사람들이 있는 것도 사실이다. 하지만 차별화를 일등주의로 잘못 알고 튀는 행동을 하는 사람은 그렇게 해서 일등의 자리에 올랐다고 해도 그 자리에서 오래 버티지 못한다. 설사 오랜 기간 그 자리를 유지한다 해도 그런 사람은 뒤끝이 좋지 못하다는 것을 수없이 목격했다.

차별화와 일등주의를 구분해야 한다. 차별화는 나의 개성을 드러내며 그 속에서 최선을 다하는 것이다. 굳이 일등이 아니어도 자신이 선 자리에서 얼마든지 최고의 성과를 이뤄내며 행복을 추구할 수 있다. 지금은 일등이 아니어도 차별화를 통해 자신이 선 자리에서 행복을 추구하는 업들이 많이 생겨나고 있다.

자신만의 개성을 살려 많은 사람들에게 관심을 끌 수 있도록 '새롭고 다른 일(New & Different)'을 추구하는 것이 좋다. 최고 자리를 위한 경쟁보다 유니크함을 지향할 때 삶은 더 윤택하고, 자신이 설 자리를 더 많이 만들어갈 수 있기 때문이다.

대학 시절은 자신을 알아가며 진로를 결정하고 새로운 능력을 키워나갈 수 있는 시기다. 자신만의 유니크함을 지향하여, 차별화를 이루기 위해 스스로 새로운 것에 도전하는 모험심을 키워가야 한다. 자신만의 유니크함을 찾아 차별화를 이룰 수 있도록 대학생활을 의미있게 보내야 한다.

인맥으로 우군을 만들어라

"약한 연결이라도 인간관계를 잘 맺어라."

삼성그룹은 1993년 〈신경영〉 경영혁신운동 이후 지역전문가 제
도를 운영하고 있다. 외부에는 잘 알려져 있지 않지만 오늘날 삼성
이 글로벌 초일류기업으로 성장하는데 가장 기초가 된 제도다.

지역전문가는 업무성과가 우수한 사원이나 대리급직원을 대상으
로 선발한다. 그리고 본인이 지원한 국가에 혼자 부임하여 1년 또
는 2년 동안 업무는 완전히 배제한 채 현지문화를 조사하고, 적응
하면서 현지화와 인맥을 형성하기 위해 노력한다. 회사 모르게 업
무를 수행하거나 가족을 동반한 것이 적발되면 즉시 귀국 조치된
다. 파견 기간의 월급이나 인센티브는 100% 지급한다. 현지의 숙
식비, 교통비 등 생활비는 물론 현지인을 사귀기 위한 교제비도 지
급한다.

지역전문가는 귀국 후 현업에 복귀하여 업무를 수행하다가 그
지역의 주재원으로 다시 파견되어 업무를 수행하게 한다. 해외사
업을 수행하기 위해 현지 문화를 익히면서 사전에 인맥을 형성하
게 하는 전략적 인재양성의 선투자로 볼 수 있다. 그만큼 인맥의

중요성을 잘 알고 있기에 사전에 비싼 투자를 해나가는 것이다.

인맥관리라고 하면 학연, 지연, 혈연 등으로 특별히 끈끈한 관계를 맺는 것만을 생각하는 이들이 많다. 하지만 인맥이란 이렇게 끈끈한 관계가 아니어도 좋다. 세상을 살아가면서 도움을 주고받는 건 대부분 약하게 연결된 관계의 인연으로 이뤄지는 경우가 많다.

따라서 평소에 얼굴을 익힌 약한 연결고리의 관계를 유지하는 것도 인맥관리에 중요한 방법이라는 것을 알아야 한다. 계절이 바뀔 때나 명절 때 핸드폰 문자로 안부를 전하면서 사소한 인맥이라도 중요하게 여기고 관리해 나가는 것이 좋다.

나의 우군은 꼭 거창하게 관리한 인맥에만 있지 않다. 가끔 잊지 않을 정도로 연락을 주고받는 관계, 평소 연락이 없다가 집안의 대소사 등 특별한 일이 생겼을 때 연결되는 정도로 관리한 인맥에서 든든한 우군을 만날 때가 많다.

외국계 기업에 취업을 원하는 학생의 자기소개서 작성지도를 해줄 때의 일이다. 외국계 기업에서 3개월간 인턴생활을 하면서 담당업무에서 제안한 개선안이 채택되어 회사업무에 효율성을 제고했다는 내용이 눈에 들어왔다. 그래서 당시 지도사원에게 그러한 사실을 포함한 추천서를 받아 입사지원서에 첨부하라고 조언을 했다. 외국계 기업에서는 추천서를 중요시 하는 경향이 있다는 것을 각인시킨 것이다. 하지만 학생은 인턴을 마친 지 반 년이 넘었는데 이제 와서 갑자기 추천서를 써달라는 것이 미안하다며 머뭇거렸다. 참으로 안타까운 일이다.

생각해 보라. 3개월간 인턴을 하면서 지도사원과 잘 사귀었다면, 평소 약한 관계라도 유지해 왔다면 얼마나 좋았을까? 평소 이메일이나 SNS로 안부 인사라도 주고받는 관계를 유지해 왔다면 추천서는 물론이고 채용 정보까지 얻을 수 있었을 것이다.

인턴생활에서 만난 인연은 매우 소중한 인연이다. 같은 분야에서 일하는 이들과 함께 할 수 있기 때문에 더욱 그렇다. 이런 인연을 소홀히 여길 게 아니라 약간의 노력으로 관계를 유지하기 위한 노력을 기울인다면 소중한 자산을 얻게 되는 것이다.

평소 사소한 인연이라도 소중히 여겨 관계를 유지해 나가는 노력이 필요하다는 것을 결코 잊지 말자.

옆에 있는 사람에게 잘 해줘라

"사람을 얻는 방법 중에 제일 좋은 것은 베풀 수 있을 때 베푸는 것이다."

1980년대 중반 삼성전관(현 삼성SDI)에 근무할 때 선배가 겪은 일이다.

삼성전관은 일본의 NEC(일본전기주식회사)로부터 브라운관 제조기술과 컴퓨터 부문의 기술을 도입한 회사로 1980년대 말까지 엔지니어들이 일본NEC와 교류를 통해 다양한 기술을 전수받은 기업이다.

선배는 일본 NEC 본사에 6개월간 파견연수를 가서 다카이도하우스라는 NEC에서 제공하는 회사 숙소에 머물렀다. 도쿄 외곽의 다카이도라는 지역에 있는 숙소에는 한국, 중국 등에서 NEC에 연수나 출장 온 직장인들이 많았다. 그때 중국인 연수생 중에 한 사람이 경비를 아끼기 위해 숙소에서 저가에 제공하는 아침 샌드위치조차 안 사 먹고, 샌드위치를 만들 때 떼어버리는 식빵의 가장자리 조각을 얻어 식사를 대신하곤 했다.

선배는 주말이면 몇몇 연수생들과 어울려 삼겹살로 회식을 하곤 했는데, 그때마다 그 중국인 연수생을 초청해서 함께 했다.

그 후 2000년대 초에 삼성에서 중국사업을 하게 되었을 때 선배는 베이징으로 출장을 갔다. 그런데 그곳에서 만난 그 중국인이 중국기업의 CEO로 다가온 것이다. 젊은 시절, 일본 연수시절 선배에게 신세 아닌 신세를 진 중국인 CEO가 선배를 어떻게 대했을지는 불 보듯 뻔히 알 수 있는 일이다.

베풀 수 있을 때 베푸는 것은 최고의 인간관계를 유지하는 최선의 길이다.

한국에 인맥문화가 있다면 중국에는 꽌시(关系) 문화가 있다. 한국의 인맥은 혈연, 지연, 학연의 '연줄문화'로 투명한 사회발전에 저해요인으로 인식되는 경우가 많다.

중국의 꽌시(关系)는 삼국지에 나오는 유비, 관우, 장비의 도원결의처럼 미래에 서로가 윈윈(Win-Win)하는 발전지향적인 관계를 추구한다.

연줄 문화엔 과거가 있기에 실수가 용납되지만 꽌시는 과거가 없기에 실수가 용납되지 않는다.

중국의 사업가들은 꽌시를 맺는데 매우 신중하지만, 연줄 문화에 익숙한 한국 사업가들은 중국의 꽌시를 연줄 문화와 비슷한 것으로 오해해서 많은 실수를 범하고 있다.

미국 보스톤 대학에서 인간의 성공과 출세에 가장 중요한 영향을 미친 요인을 발표했다. 데이터로 7세 어린이 450명의 일생을 40년에 걸쳐 추적 조사한 결과였다. 그 중에 중요한 영향을 미친 요인으로 다음과 같은 것이 있다.

첫째, 다른 사람과 어울리는 능력
둘째, 좌절을 극복하는 태도
셋째, 감정을 조절하는 능력

미국의 카네기멜론 공과대학에서 조사한 결과에서도 지적 능력이나 재능이 성공에 미치는 영향은 15%뿐이며, 성공요인은 85%의 인간관계라는 것으로 나타났다.

다른 사람과 어울리는 능력, 즉 우리가 표현하는 인간관계가 얼마나 중요한지 알 수 있을 것이다.
지금 바로 옆에 있는 사람에게 잘 해주자.
조금이라도 베풀 수 있을 때 베푸는 습관을 들이자.
작은 연결고리의 인맥이라도 소중히 이어가자.

Tip. 한 방향으로 함께 하라

현대는 다양한 구성원들이 협업과 집단지성을 추구하는 시대다. 기업에서는 공동체 구성원의 협업과 적응을 통한 문제해결능력을 요구하고 있다. 대학 생활에서 팀 활동을 통해 협력하고 공감할 줄 아는 인성을 갖추기 위해 노력해야 하는 이유다.

기업은 한 배를 타고 한 방향으로 노를 젓는 팀워크 활동을 하는 공동체다. 약한 인맥이라도 협력하며 힘을 모아야 한다. 어느 한 사람이라도 자신만의 욕심을 내세워 노를 놓거나, 반대 방향으로 젓는다면 어떻게 되겠는가?

기업은 조직원 모두가 참여하고 소통하고 협력하여 목표를 달성해가는 공동체다.

청년대학생은 팀 활동을 통해 한 방향으로 함께 하는 훈련을 적극적으로 해 나가야 한다.

한 방향으로 함께하기 위한 Big3 키워드

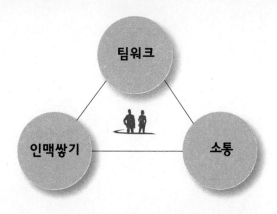

6강

융복합 인재가 되라

동타트업이 주는 교훈은?

"동타트업이 무엇인지 아는가?"

오프라인 중심의 동대문 의류시장을 첨단 IT신기술과 접목하여 온·오프라인을 연결하는 최대의 의류 원단 쇼핑몰 등을 운영하고 있는 젊은이들이 있다. 이들은 인공지능, 빅데이터 등 최첨단 IT기술을 패션에 접목했다. 동타트업은 동대문시장에서 바로 이렇게 혁신을 주도하는 '동대문 스타트업'이라는 신조어의 준말이다.

동대문의 의류판매 중계를 하는 회사와 300여개의 쇼핑몰을 모은 사이트, 원단을 해외 디자이너에게 판매하는 사이트 등의 온라인 스타트업의 대표들은 대부분 20대 여성들이다. 이중에 한 의류 쇼핑몰은 프랑스 기업 로레알이 6000억 원에 인수하는 등 급성장을 이루고 있다.

이들은 어떻게 오프라인 의류매장을 온라인으로 묶을 생각을 하였을까? 시대가 필요로 하는 인재란 무엇인가 생각하게 한다.

미국의 컨설팅 업체인 맥킨지는 2055년에는 현존하는 직장에서

로봇이 전 세계 노동자의 절반 이상을 대체할 수 있다고 분석했다. 영국의 옥스퍼드 대학은 이보다 더 빠른 2023~2033년까지 로봇이 인간의 일자리 50%를 대체할 수 있다고 전망했다.

어디 그뿐인가?

카풀이나 우버 택시, 자동차 공유 시스템을 반대하는 이들이 있다. 당장 생계의 위협을 받기 때문이다. 하지만 그들이 아무리 저항한다 해도 시대의 흐름을 막을 수는 없다.

자율자동차가 일상화되면 운수업 종사자들은 일자리를 잃게 되어 있다. 한때 자동차 산업이 발전하면서 이전의 일자리인 마차, 인력거, 전차 등의 종사자들이 설 자리가 사라진 것과 일맥상통한다.

시대의 흐름을 읽는다면 과거를 고집할 수만은 없다. 빨리 시대의 흐름을 따라 잡을 수 있어야 한다. 로봇이 인간의 일자리를 대체한다고 걱정만 할 필요는 없다. 역사를 보면 양과 속도의 문제는 있지만, 그에 파생하는 또 다른 일자리가 생길 수 있다.

자율주행차가 지금 당장 운수업 종사자들의 일자리를 대체한다면, 그에 파생되는 또 다른 일자리가 수많이 생길 수 있다는 것은 과거의 경험이 일깨워 주고 있다.

실제로 자동차가 마차, 인력거, 전차 등 종사자의 일자리를 대체하면서 일자리를 잃은 사람들보다 더 많은 사람들의 일자리를 만들어낸 사례가 있다. 포드, GM, 벤츠, BMW, 아우디, 현대, 기아, 토요타, 혼다 등 엄청나게 많은 자동차 제조회사가 경쟁적으로 발전하면서 수많은 일자리를 창출해 냈다. 부수적으로 자동차 타이어, 휠, 카오디오, 블랙박스, 내비게이션, 썬팅필름 등의 제조회사에서도 엄청난 일자리를 만들어 냈다.

어디 그뿐인가? 자동차 운송을 위한 물류회사, 자동차정비소, 렌터카, 리스사, 자동차 공유회사, 중고차 매매상, 자동차 폐차장 등으로 창출해 낸 일자리는 이루 다 헤아릴 수 없을 정도다.

자동차로 인해 도로망이 발전하면서 주유소, 세차장, 휴게소, 주차장과 같은 부수적인 시설도 새로운 일자리를 제공했다.

자동차보험업도 생겼고, 손해사정사라는 직업도 생겼다. 도로교통안전 시설 설치와 관리, 운전면허 시스템관련 산업은 물론 각종 도로망과 Hi-Pass와 같은 지능형 도로교통시설 등의 인프라 확충으로도 수많은 일자리가 창출됐다.

중요한 것은 시대의 변화를 어떻게 받아 들이냐에 달려있다. 시대의 변화를 빨리 인정하고 거기에서 새로운 일자리를 창출하려는 노력을 기울이면 길이 보이지만, 과거에 매여 시대의 변화를 탓하고만 있다면 길을 찾지 못해 도태될 날만 더욱 가속화될 뿐이다.

동타트업은 우리에게 새로운 것을 받아 들여 새로운 형태의 일을 창출해 나가는 길을 제시하고 있다. 세상을 크게 보고 변화를 받아 들여 모든 것을 아우를 수 있는 융합형 인재의 실례를 보여주고 있다.

창의력은 어떻게 힘을 발휘하는가?

"애완동물을 위한 창업은 없을까?"

'캡스톤 디자인' 과목을 통해 반려견이 홀로 집에 있을 때 갖고 놀 수도 있게 하고, 때에 맞춰 먹이도 먹을 수 있게 하는 장치를 개발한 학생들이 있다. 전국 경진대회에 나가 상도 받았고, 정부에서 주관하는 경진대회에 출품하여 클라우드 펀딩까지 제안을 받았다.

요즘의 창업은 일 중심보다 창의력 중심으로 이뤄지고 있다. 그런데 창의력이 힘을 발휘하기 위해서는 사회의 여러 가지 현상을 융합할 수 있어야 한다. 애완동물이 대세라는 것에 착안해서 IT기술을 접목시켜 클라우드 펀딩까지 받은 학생들과 같은 사례는 다른 곳에서도 찾을 수 있다.

2010년 설립한 쿠팡의 김범석 사장은 20세에 미국 하버드대에서 정치학을 공부하던 학생이었다. 그는 그 당시 잡지사를 창업하는 등 학창시절에 풍부한 사업경험을 쌓았다. 그 경험이 오늘의 그를 성공으로 이끌어 준 것이다.

앞으로는 일생에 적어도 3~4개 이상의 직업을 경험해야 할 가능성이 높다. 졸업 후 바로 취업을 해도 언젠가는 창업을 해야 될 가능성이 높다. 따라서 대학생활 때 창업프로세스를 경험하는 등 다양한 경험을 해보며 미래를 준비할 수 있다면 행운이다.

자신의 아이디어를 구체화하여 사업계획서를 작성해 보자. 사업을 기획하여 시장조사, 자금계획, 생산·판매·유통 계획, 마케팅 계획, 고객지원 계획 등을 실천해 보자.

그동안 대학생의 창업은 아이디어 기반의 생계형 창업으로 지속성이 떨어져 성공하기 어려운 경우가 많았다. 이런 한계를 극복하기 위해 기술기반의 창업을 기획할 수 있어야 한다.

기술기반의 창업은 각 분야의 융복합 전공자들이 함께 하는 게 바람직하다. 혼자하거나 학과 친구들과 하는 창업은 경영전반에 발생하는 문제를 헤쳐 나갈 때 부족한 점이 많다.

하지만 컴퓨터 전공자가 소프트웨어 프로그래밍을 하는 IT기반 요소에, 전기·전자공학 전공자의 기계적인 구조의 노하우를 접목시키고, 디자인 전공자가 상품 디자인을 담당한다면 충분히 경쟁력을 갖출 수 있다. 여기에 경영학 전공자가 마케팅 및 클라우드 펀딩 등의 자금확보와 경영관리를 책임진다면 금상첨화다. 경영전반에 발생하는 문제를 각 분야의 전공자들이 능력을 발휘해서 슬기롭게 헤쳐 나갈 수 있다.

창의력이 힘을 발휘하려면 그 어느 때보다 융복합적 지식의 결합이 필요한 시대다. 전공이 다른 친구들과 함께 융복합적 결합을 시도하는 것은 경쟁력을 갖춰나가는 최상의 방법일 수 있다.

그때는 왜 인터넷을 생각하지 못했을까?

"타임머신은 만들어질까?"

지금도 이 질문에 고개를 젓는 사람들이 많다. 과연 타임머신의 발명은 불가능한 영역인가?

진지하게 고민해 보자. 한때는 달나라 여행은커녕 하늘을 나는 것도 공상이었던 시절이 있었다. 그런데 이 모든 것이 다 현실이 되었다. 인간의 공상은 시간의 문제지, 언젠가는 현실이 된다는 것을 얼마든지 추론할 수 있다. 따라서 타임머신의 발명도 지금은 공상처럼 생각되지만 언젠가는 현실이 될 수 있다고 믿는 것이 좋다.

1985년에 개봉한 미국의 SF영화 〈빽 투 더 퓨쳐〉는 3편의 시리즈로 구성되어 있다. 우리에게 과학기술 발전에 대해 많은 생각을 하게 했다. 미국 의회도서관이 이 영화를 후세에 전달하기 위해 국립영화등기부에 이름을 올리기까지 했다.

영화는 주인공이 타임머신을 타고 과거와 미래로 기상천외한 시간여행을 하며 개인의 역사를 바꾸고, 뒤틀린 미래를 바로잡는 모험으로 이뤄졌다. 그 영화 속에서 30년 후로 묘사된 미래세계가 바로 2015년이었다.

통상적으로 영화에서 제시한 과학기술들은 현실로 드러난 경우가 많다. 이 영화에서 제시한 과학기술들도 마찬가지다. 주인공 소년이 신었던 나이키 자동끈 운동화는 2015년 '파워 레이스'라는 이름으로 상용화되었다. 쓰레기를 기가 와트급 에너지로 변환시켜 없애는 장치는 현재 케네디 우주센터의 한 연구팀이 쓰레기를 재활용하는 미니 원자로로 개발 중이다.

하지만 공상 속의 타임머신까지 만들었지만, 영화 속에서 공상으로도 예측하지 못했던 것이 지금은 현실로 된 것이 있다. 바로 인터넷이다. 영화가 만들어진 1985년에 인터넷은 공상으로라도 작가가 상상할 수 없었던 기술의 영역이었다. 그런데 지금은 어떻게 되었는가? 초고속 인터넷의 발달로 인류의 역사는 획기적인 전환점을 맞이하고 있다.

돌이켜 보면 과거 세상을 이끈 전환점이 된 기술로는 1차 산업혁명을 야기한 증기기관과 2차 산업혁명의 원동력인 전기에너지, 그리고 디지털 혁명을 불러일으킨 인터넷 등이 있다.

이제 앞으로 세상을 이끌 Next Big Thing은 무엇일까?

이 질문에 답하기 위해서 다시 처음의 질문으로 돌아가 보자.

"타임머신은 만들어질까?"

공상이 현실이 된 사례로 비춘다면 타임머신도 언젠가는 만들어 질 수 있다는 열린 시각을 가져야 한다.

무엇이든지, 언제라도 예측하지 못한 모습으로 출현할 수 있다는 무궁무진한 가능성을 열어놓고 바라봐야 한다.

과연 미래의 Next Big Thing은 무엇일까?

✎ Next Big Thing을 주목하자

구글은 세계적인 소프트웨어 검색엔진 회사다. 그런데 구글이 본래의 업인 검색엔진과 이질감을 느끼게 하는 무인자율주행자동차를 개발하고 있다. 더 나아가 구글은 엄청난 자본을 투입하여 Boston Dynamics 등 세계적인 로봇업체들을 M&A 했다.

왜 그랬을까?

카카오택시를 이용하려면 스마트폰 앱을 활용한다. 현재 자신의 위치와 목적지를 입력하면 카카오택시가 온다. 목적지를 미리 아는 택시기사는 말없이 손님을 태우고 목적지로 향한다. 택시요금을 카드나 카카오페이로 결재한다.

이를 바탕으로 구글의 무인자율주행자동차가 보편화된 세상을 상상해 보자. 카카오택시를 스마트폰 앱으로 불렀을 때 무인자율주행자동차가 온다. 그리고 목적지까지 데려다 주고, 요금은 사전에 등록된 카드가 자동으로 결재한다. 이제 무인자율주행자동차는 차고지로 돌아가거나 또 다른 승객의 콜을 받고 간다.

구글은 자율주행 택시의 서비스를 시작으로 무인자율주행자동차의 시장을 선점하고자 발 빠르게 움직인 것이다. 즉 Next Big Thing의 세계를 선점하고자 한 것이다.

그렇다면 Next Big Thing은 어떻게 이뤄지는가?

앞에서 살펴본 SF영화 〈빽 투 더 퓨쳐〉가 개봉된 1985년에는 예측조차 못했던 인터넷은 미국의 DARPA(미국방위고등연구계획국)에서 개발한 통신수단이다. 이곳에서 개발했거나 개발을 시도한 기술로는 GPS, 자율주행자동차 등도 있다. 이들이 21세기의 IT기술의 흐름을 주도했다고 볼 수 있다.

인터넷은 1990년대부터 본격적으로 보급되기 시작했다. 넷스케이프가 최초로 인터넷 검색엔진으로 일반인들에게 사용된 이래 엄청난 기술발전과 사회변화를 일으켰다.

인터넷은 1985년의 시점에서 바라보면 Next Big Thing이고,

지금 시점에서 되돌아 보면 Realized Next Big Thing이다.

인터넷 이후에는 어떤 것이 Next Big Thing의 자리를 차지했을까? 2007년 출시되어 애플과 삼성전자가 양대 산맥을 이루고 있는 스마트폰이 있다. 스마트폰의 보급으로 우리는 카카오톡, 페이스북, 인스타그램 등의 SNS를 일상의 필수품으로 활용하고 있다.

스마트폰 역시 2007년 시점에서 바라보면 Next Big Thing이고, 지금 시점에서 보면 Realized Next Big Thing인 것이다.

그렇다면 앞으로 떠오를 Next Big Thing은 무엇일까?

이걸 미리 안다면 개인이든, 기업이든, 국가든 미래 사회를 주도적으로 이끌어 나가게 될 수 있을 것이다.

우리가 끊임없이 Next Big Thing에 관심을 가져야 하는 이유가 여기에 있다. 언제라도 열린 시각으로 Next Big Thing에 주목해 나가야 한다.

교양교육과 인문학을 소홀히 하지 마라

어떻게 Next Big Thing에 다가갈 것인가?

인공지능? 빅데이터? 블록체인?

가상현실? 증강현실? 지능형 드론? 지능형 로봇?

3D/4D프린팅? 무인자동차?

아직 타임머신은 없다. 그래서 과거와 미래를 정확히 알 수는 없다. 하지만 지나온 과거와 현실을 바탕으로 미래를 예측할 수는 있다. 과거의 수많은 변화를 통해 이뤄진 현재는 갑자기 하늘에서 떨어진 것이 아니다. 나름의 흐름과 인과로 연결되어 있다.

따라서 우리는 지나온 과거를 통해 세상이 어떻게 변하더라도 대응할 기본자질을 갖추어야 한다. 그 기본 자질이 교양교육과 인문학을 통한 미래 예측 능력이다. 4차 산업혁명 시대에서 교양교육과 인문학이 강조되는 이유이기도 하다.

아이패드가 세상에 선보인 2010년에 스티브 잡스는 애플의 정체성을 설명하면서 인문학과 기술을 동시에 제시했다. 기술이 세상을 지배할 것 같은 현실에서 인문학의 중요성을 강조한 것이다.

스마트폰의 기능은 더 이상 전자공학, 정보통신공학, 소프트웨어 프로그래밍의 문제만이 아니다. 심리학, 미술학, 또는 인류학의 문제가 될 수도 있다.

미국 메릴랜드 주의 세인트존스 칼리지는 4년 동안 고전 100권을 읽게 하고 토론을 하는 과정 중심의 대학으로 유명하다. 뉴욕의 월스트리트에서 채용할 때 이 학교 졸업생에 대한 선호도는 매우 높게 나타난다.

4차 산업혁명 시대는 세계가 진정으로 하나로 되는 세상이 열리게 될 것이다. 이러한 환경에 적응하려면 전공중심의 특정 영역을 넓히는 것 이상으로 기본적인 인문역량을 넓히는데 주력해야 한다.
그것이 바로 융합적 사고력을 키우기 위한 교양교육이다. 따라서 4차 산업혁명 시대에는 교양교육과 인문학에 더욱 집중해야 한다.
지금 학교에서 적극적으로 권장하고 있는 교양교육과 인문학을 결코 소홀히 여기지 말아야 한다.

걱정 마라 행복해질 것이다

"인생에서 성공하기 위해서는 재능이나 성적보다 훨씬 더 중요한 다른 요인이 작용한다."

삼성에서 입사면접을 볼 때나 대학에서 입시면접을 볼 때 공통적으로 적용하는 기준이 있다. 그것은 바로 '미소 띤 밝은 표정으로 자신감을 갖고 의사표현을 논리적으로 분명하게 하는 학생'에게 높은 평점을 주게 된다는 것이다.

이들은 주변 사람들에게 긍정 에너지를 주고, 처음에는 비록 서툴지라도 일하는 자세가 적극적이어서 업무도 그만큼 빨리 배운다. 실제로 이렇게 뽑은 직원이나 학생 때문에 후회해 본 적이 없다.

"걱정마라 행복해 질 것이다. Don't worry. Be happy."

항상 가슴에 새겨야 할 말이다. 어차피 사회에 진출하는 것은 모두가 거쳐 가는 과정이다. 기왕에 거쳐야 할 과정이라면 정면으로 부딪치며 즐기겠다는 마음으로 임하는 것이 좋다. 세간의 회자되는 말 중에 가슴에 새기면 힘을 얻을 것 같아 징기스칸의 명언이라는 말을 그대로 옮겨본다.

집안이 나쁘다고 탓하지 말라.

나는 아홉 살 때 아버지를 잃고 마을에서 쫓겨났다.

가난하다고 말하지 말라.

나는 들쥐를 잡아먹으며 연명했고,

목숨을 건 전쟁이 내 직업이고 내 일이었다.

작은 나라에서 태어났다고 말하지 말라.

그림자 말고는 친구도 없고 병사로만 10만,

백성은 어린애, 노인까지 합쳐 2백만도 되지 않았다.

배운 게 없다고 힘이 없다고 탓하지 말라.

나는 내 이름도 쓸 줄 몰랐으나

남의 말에 귀 기울이면서 현명해지는 법을 배웠다.

너무 막막하다고, 그래서 포기해야겠다고 말하지 말라.

나는 목에 칼을 쓰고도 탈출했고,

뺨에 화살을 맞고 죽다 살아나기도 했다.

적은 밖에 있는 것이 아니라 내 안에 있었다.

나는 내게 거추장스러운 것은 깡그리 쓸어버렸다.

나를 극복하는 순간 나는 징기스칸이 되었다.

전공학업, 캠퍼스 라이프, 진로설계 과정을 이렇게 즐긴다는 마음과 각오로 대하기 시작하면 그 결과 또한 반드시 진정으로 여유 있게 즐길 수 있는 긍정적인 현실로 드러날 것이다.

자신의 인생에 가치를 부여하며, 긍정적으로 볼 때 모든 것은 180도 다르게 보인다. 지금의 여건은 내가 만든 것이다. 지금 내 뜻대로 안 되는 게 많아 힘들다고 여건을 탓하지 말자.

징기스칸처럼 아무리 열악한 상황이라도 인생의 소중한 가치를 부여하며 긍정적인 마인드로 세상을 열어나가자.

Tip. 융복합 인재가 되라

4차 산업혁명 시대는 융복합적 창의력을 갖춘 인재를 필요로 한다. 시대에 부응하려면 인문학적 소양을 바탕으로 다양성을 추구하며 모든 것을 새로운 눈으로 보는 능력을 키워야 한다.

전공과목에만 매달리기보다 팀 활동을 경험하며 융합전공, 복수전공 등 다전공 제도를 활용하는 것이 좋다. 경영학, 전자공학, 컴퓨터공학, 시각디자인 등 다양한 전공자들이 모여 여러 지식을 융합한 아이디어를 모아 창업하는 창업프로세스를 경험해 보자.

떠오르는 기술에 의한 Next Big Thing에 관심을 갖고 인문학적 소양을 접목시켜 융복합적 사고력을 키워 나가자.

융복합 인재가 되기 위한 Big3 키워드

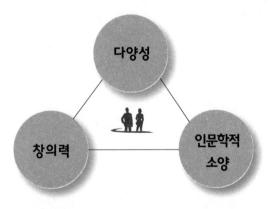

7강

꿈의 영토를 확장하자

삶의 우선순위가 바뀌었어요

"선배들의 모습처럼 정신없이 앞만 보고 달려가는 것은 원하는 미래
가 아니어서 회사를 떠나고 싶었다."

부부는 평범한 회사원의 삶에서 처음으로 일탈을 꿈꿨다. 세계
여행을 위해 회사를 그만두었다. 퇴사를 하고 세계여행을 하는데
고민의 정점은 물론 돈이었다.

서른 중반에 안정된 직장을 포기하고 불확실한 미래를 선택하는
것은 모험이었지만 부부는 긴 대화 끝에 결단했다. 마침내 세계여
행을 떠났다.

삼성SDS㈜에 입사하여 3년간 연애 끝에 사내 결혼한 후배 부부
의 이야기다. 둘은 2014년 9월 7년간 근무했던 삼성SDS를 돌연 그
만두었다. 그리고 404일 동안 북남미, 유럽, 오세아니아 지역의 25
개국을 여행하고 돌아왔다. 그리고 윌림(Wilim)이라는 스타트업을
창업했다.

부부가 이런 선택을 하기까지 어떤 생각과 고민을 했는지 여행

후 일상의 생활로 돌아온 지금의 생활을 살펴보면 많은 부분에 공감이 간다.

"그 일을 내가 왜 해야 하는지, 내가 하는 일이 무엇인지 잘 모르겠더라고요. 분명 열심히 뛰고 있는데, 내가 뛰고 있는 모습이 눈에 보이지 않았어요."

부부는 작은 오피스텔에서 해 뜨기 무섭게 출근해 밤늦게 퇴근하는 '저녁이 없는 삶'을 반복했다. '언젠가 아이도 낳고 승진도 해서 집을 마련하는 좋은 날이 올 것'이라며 막연하게 미래를 그렸지만 일상은 갑갑했다. 야근이 잦았고 주말에도 출근해야 했다.

"여행에서 맛있는 음식을 먹고 멋진 장소에 가본 것은 하나의 경험일 뿐이지만, 여행을 통해 삶의 방향과 가치관을 진지하게 생각할 수 있는 시간들은 돈으로 환산할 수 없었어요. 조직 안에 있을 땐 사회가 정해놓은 목표를 바라봤지만 지금은 우리가 행복하고 싶어요. 삶의 우선순위가 바뀌었죠."

그들은 여행을 다녀 온 후 변했다. 우선 삶의 목표가 달라졌다. "예전에는 좋은 집, 좋은 차와 명품 가방을 가진 사람들을 부러워했지만, 이제는 타인을 부러워하기보다 실체 있는 행복을 느끼며 살고 싶다"고 했다.

지금은 '세줄일기' 콘텐츠를 서비스하는 스마트폰용 소프트웨어 앱을 개발한 윌림이라는 스타트업에서 부부와 5명의 직원이 주 7일에 가깝게 일하지만 마음은 즐겁다고 한다.

우리는 지금 이 순간에도 자동차를 타고 달리는 것처럼 앞을 보고 달린다. 가끔은 백미러를 통해 뒤를 보듯이 미래의 방향성을 정하기 위해 과거를 살펴볼 필요가 있다.

현재의 내 모습은 과거의 내 삶이 만든 결과다. 미래의 내 모습은 현재의 내 삶이 만든 결과로 나타날 수밖에 없다. 때로는 자신의 과거를 돌이켜 보고 자신의 현재 위치를 점검하고, 현재 자신이 어디를 향해 가고 있는지를 확인해 볼 수 있어야 한다.

나는 제대로 가고 있는가?

우리는 과거보다 더 나은 오늘, 오늘보다 더 나은 내일을 위해 노력한다. 과거와 똑같이 해서는 과거의 생활수준도 유지하기 어려운 현실이다.

과거보다 물질적으로는 풍족해졌지만 더 행복하지는 못하다는 사람이 늘고 있다.

왜 그럴까?

복잡한 이유가 있겠지만 과거보다 치열해진 경쟁을 주요 원인으로 들 수 있다. 우리는 지금 변하지 않으면 도태될 수밖에 없는 치열한 경쟁의 시대를 살고 있다.

대학생이라면 무엇보다 이런 환경의 변화를 분명하게 인식해야 한다. 끊임없이 변하는 환경에서 대학생으로서의 나를 이해하고, 내가 살아가고자 하는 인생을 정립해 보고, 어떻게 하면 후회 없이 행복하게 살아갈 수 있을지 생각해 봐야 한다.

중요한 건 방향이다

새로운 시작에서 중요한 건 속도보다 방향이다. 방향이 잘못 설정되면 가고자 하는 곳까지 도달하지 못하거나 가야 할 길이 더 멀어진다.

등산을 하는데 방향을 잘못 잡는다면 어떻게 될까? 오르고자 하는 산의 정상이 아닌 다른 정상에 올라가서야 잘못되었음을 안다면 어떻게 될까?

지금 대학생들에게 필요한 것은 속도보다 방향이다. 조급함을 버리고 이제 수많은 변화의 기로에서 모든 사연을 털어버리고 방향을 분명히 잡아 보자.

그 방향으로 새로운 출발을 하자.

나는 지금 어디에 있고,

어디로 가고 있고,

제대로 가고 있는가?

우리나라 대학생들은 깊이 있게 생각하는 힘이 부족하다. 아울러 자신의 의견을 표현하는데 익숙하지 못하다. 주입식 교육에 길들여져 온 탓이다. 분명 교육시스템의 문제다. 그렇다고 언제까지나 외부의 환경을 탓할 수만은 없다.

이제라도 스스로 생각하고, 자신의 의견을 표현하는 능력을 키워

나가야 한다. 그 출발점이 스스로에게 질문하고 그 질문에 대해 생각해 보고, 스스로 자신의 생각을 표현해 보는 것이다.

지금이라도 수많은 밤을 새워서라도 생각하고 고민해 봐야 한다.

- 나는 왜 대학에 진학했는가?
- 나는 왜 이 전공을 선택했는가?
- 나는 10년, 20년, 30년 후 어떤 모습이기를 원하는가?
- 내가 그리는 미래 모습을 위해 지금 하는 행동이 맞는가?
- 나는 어떤 사람으로 기억되기를 바라는가?

혼자만의 고민으로 답을 찾기 힘들다면 학교에 있는 상담실 전문 컨설턴트의 도움을 받아보자. 자신에 대해 이해하고 스스로 질문에 답할 수 있도록 해야 한다.

설사 답을 못 찾더라도 자책하지는 말자. 이런 질문에 많은 시간을 투자하며, 자신에 대해 진심으로 생각해 보는 것만으로도 충분히 의미 있는 경험을 한 것이다. 답은 먼 훗날 언젠가 불현듯 스스로 찾게 될 수도 있다.

진정 자신이 추구하는 삶이 무엇이고, 이를 위해 자신이 무엇을 해야 할지를 재조명해 봐야 한다.

성공하려면 무엇이 달라야 할까?

BTS의 'FAKE LOVE' 뮤직비디오 2억뷰 돌파! 빌보드 뮤직 어워드 '톱소셜아티스트' 2년 연속 수상, '빌보드 200' 1위, 빌보드 음반 차트 1위, 1억뷰 이상 12곡 보유, 타임지 표지 장식, 한류확산과 한글 확산 등의 기여공로로 최연소 문화훈장 수상, SNS세대의 비틀즈 호칭 등 연일 매스컴에 핫뉴스를 쏟아 내는 BTS의 성공신화는 끝이 없다.

BTS는 BangTan Sonyeon Dan(BangTan boyS, 방탄소년단, 防彈少年團)의 약칭이다. 대한민국 7인조 보이그룹으로 '빅히트엔터테인먼트' 소속이다. '방탄'은 총알을 막아낸다는 뜻이다. 10대부터 20대들이 사회적 편견과 억압을 받는 것을 막아내고 당당히 자신들의 음악과 가치를 지켜내겠다는 뜻을 유지하면서 '현실에 안주하지 않고 꿈을 향해 끊임없이 달려가는 청춘'이라는 의미를 담고 있다.

'빅히트엔터테인먼트'는 2005년 작곡가 방시혁이 JYP에서 독립하며 독자적으로 설립한 회사다. 소속 가수가 단 두 팀뿐이지만 국내 엔터테인먼트 회사 가운데 최고 규모인 2조 5천억 원의 기업가치로 평가 받았다.

BTS의 성공요인은 '계속되는 변화를 꿰뚫어 보고 편승', '케이팝 (K-pop) 시장의 성공과 실패를 바탕으로 철저한 자기분석을 통한 실력향상과 부단한 노력으로 멋진 퍼포먼스 연출', '세계 변화 트렌드에 발 빠르게 맞춘 음악으로 남이 아닌 본인들의 이야기를 노래하다' 등을 들 수 있다.

무엇보다 BTS의 성공요인은 활동무대를 국내가 아닌 세계시장으로 잡은데 있다. 영역의 한계를 두지 않은 목표, 케이팝이나 한국 출신이라는 꼬리표 없이 '세계에서 가장 인기 있는 보이밴드'로 승승장구하겠다는 커다란 꿈을 세운 데 있다. 그들은 '이 정도면 됐다'는 한계를 두지 않고, 시대 변화에 가장 민감하고 가장 적극적으로 대중음악을 소비하는 10대, 20대 젊은 세대들에게 파고 들겠다는 목표로, 꿈의 영토를 무한히 확장해 나갔다.

청년대학생이라면 이처럼 꿈의 영토를 확장하고 그 꿈을 향한 노력으로 실력을 쌓아야 한다. 그래야 또 다른 분야에서 제2, 제3의 BTS와 같은 성공 신화를 이룰 수 있다.

✧ 지금, 여기서부터 세계화를 시도하자

"세상은 넓고 할 수 있는 일은 많다."

전국 대학에 공부하러 오는 외국 유학생들이 다양하게 늘고 있다. 아쉬운 건 우리 학생들이 이들 유학생들과 활발하게 교류를 하지 않는다는 것이다. 중국 학생들은 중국 학생들과 어울리다가 졸업하고 자국으로 돌아가면 끝나는 경우가 많다. 우리 학생들이 그들을 소극적으로 대하고 있기 때문이다.

이제라도 같은 학교, 같은 학과에 외국인 유학생이 있다면 관심을 갖고 적극적으로 교류하자. 서로를 이해하고 작은 연결고리의 인맥이라도 형성해 나가자.

외국어대학교 몽골어과에 입학하여 몽골에서 온 유학생과 적극적으로 교류하면서 몽골어뿐만 아니라 문화를 이해하는데 많은 도움을 받은 학생이 있다.

졸업 후 비즈니스는 물론 공항 통역 등으로 다양하게 활동하다가 국내 굴지의 화장품회사에 입사했다. 몽골진출을 계획하고 있는 회사가 현지 파견을 염두에 두고 해외 마케팅 부서에 특채를 한 것이다.

　지금부터 유학생과 한국학생과의 교류 프로그램에 관심을 갖고 적극적으로 참여하자. 유학생과 교류해서 인맥을 쌓아 보자. 능동적으로 교류하면 상대방 국가의 문화적 특성을 이해하는 등의 글로벌 마인드를 함양할 수도 있다.

　해외여행 계획이 있다면 무리를 해서라도 방학 동안에 유학생이 일시 귀국할 때 따라가는 것도 좋은 방법이다. 미국, 유럽, 일본 등의 선진국도 좋지만 남미, 중국, 러시아, 동남아시아, 아프리카 등의 유학생과 폭넓은 교류를 갖는 것도 미래를 더욱 발전 지향적으로 이끌어가는 길이다.

기업가 정신으로 무장하라

"한국과 이스라엘은 안보나 교육투자 등에서 닮은 점이 많다. 한국 학생들은 우수한데 대다수가 공기업이나 대기업에만 입사하려는 현실이 아쉽다. 이 부분을 극복하기 위해 이스라엘과 한국의 창업 협력이 이뤄졌으면 한다."

- 이스라엘 테크니온 대학 골라니 부총장

세계 유수의 대학들은 공대를 중심으로 창업가를 키우는데 주력하고 있다. 또한 해외 대학들과의 활발한 교류를 통하여 창업 아이디어를 확산하면서 많은 창업 동기를 부여하고 있다.

대학생들이 세계 여러 나라에 교환학생을 신청하고 어학연수를 다녀오는 일이 많아졌다. 이때 어학연수에만 치중하지 말고, 그 대학의 창업 교육 및 지원센터의 좋은 프로그램을 경험하고 오면 좋다. 서로 교류하고 좋은 네트워크를 만들어 가는 것이 중요하다. 교환학생으로서 경험한 것을 글로벌 네트워크로 발전시킬 수 있다면 이보다 더 좋은 일이 어디 있겠는가?

대만 국립대학의 디자인스쿨은 생각을 디자인하는 법을 가르친다. 창업의 기초인 혁신 아이디어를 구체화 하여 문제를 해결하는 능력을 가르치는 것이다.

대만은 우리와 환경이 비슷한 나라다. 낮은 경제성장율, 중국과 대치하는 정치적 불안감 등등. 우리의 청년들이 '헬조선'이라고 자조하듯이 대만의 청년들은 '귀신의 섬(鬼島)'이라며 자조하고 있다.

그럼에도 대만은 청년 창업에서 해법을 찾으며 우리보다 앞서가고 있다. 이공계의 기술력을 중심으로 아이디어를 사업화 하는 창업교육과 여러 가지 지원 제도로 젊은이들이 역동적으로 도전해 나가는 문화를 조성하고 있다.

기업가 정신은 '실행하고 시도하며 도전한다'는 프랑스어 앙트레프레너십(Entrepreneurship)에 어원을 두고 있다. 슘페터는 기업가를 '혁신적인 지능을 통하여 이윤을 추구하는 사람'으로 정의했다. 기업가는 '무언가를 창조하며 자신의 에너지와 재능을 발휘하는 데서 즐거움을 느끼는 사람, 어려움을 피하지 않고 변화를 찾아가는 것을 즐기는 사람'이라고 했다.

2017년 하버드대학 졸업축사에서 페이스북의 마크 주커버그는 다음과 같은 말로 기업가 정신을 보여주고 있다.

"목적이 분명한 세상을 만드는 것이 우리 시대의 도전입니다. 존

에프 케네디 대통령이 NASA우주센터를 방문했을 때 한 청소부에게 무엇을 하고 있는지를 물었습니다. 청소부는 '저는 인간이 달에 가는 것을 돕고 있다'고 말했습니다. 이처럼 목적은 우리 자신이 더 나은 일을 할 수 있도록 진정한 행복을 창조해 주는 것입니다. 페이스북을 시작할 때 하버드커뮤니티를 연결하게 되어 신났지만, 전 세계를 연결하게 될 것이라고 생각하지 못했습니다. 그런데 한 걸음 나가면서 목적에 대한 확신이 생겼습니다. 이제 그 목적이 자신만을 위한 것이어서는 문제가 있습니다. 그 목적은 바로 타인을 위한 것으로 창조해 나가야 합니다."

기업가는 더 높은 가치를 향해서 끊임없이 도전하고 시도해나가면서, 스스로만의 목적이 아니라 타인을 위한 목적을 창조해 나가는 사람이어야 한다.

취업과 창업으로 행복을 추구한다면 우리는 이처럼 더 높은 가치를 향해 타인을 위한 목적을 창조해 나가는 기업가 정신으로 끊임없이 무장해 나가야 한다.

✏ 나만의 멘토를 찾아라

"당신은 왜 테니스를 합니까?"

상담사가 묻자 테니스 선수가 대답한다.

"저는 성공한 사람이 되고 싶습니다. 세계 최고의 선수가 되는 겁니다."

상담사가 묻는다.

"이 다음에 당신이 죽은 후 묘비명에 '그녀는 세계 최고의 테니스 선수였다'라고 쓰면 만족하시겠습니까?"

테니스 선수는 단호히 답한다.

"아니요!"

상담사가 되묻는다.

"그렇다면 당신이 테니스를 하는 목적이 뭡니까?"

"멋진 곳에서 살며, 멋진 차를 갖고 싶습니다. 그러나 이걸 묘비에 쓸 수는 없겠네요."

테니스 선수는 당황하기 시작했다. 상담사는 말했다.

"테니스를 하는 목적과 사명이 무엇인지 곰곰이 생각해 보고 답을 할 수 있을 때 다시 상담하는 게 좋겠습니다."

그렇게 며칠이 지난 후 테니스 선수가 밝은 표정으로 상담사를 찾아 와서 말했다.

"내가 테니스를 하는 목적은 내 경기를 지켜보는 사람들에게 기쁨의 빛을 비추는 햇빛이 되고 싶어서입니다."

그러자 상담사가 물었다.

"그렇다면 당신의 묘비명에 '그녀는 모든 사람에게 기쁨의 햇살을 비추었다'라고 쓰면 되겠네요?"

테니스 선수는 자신 있게 말했다.

"예, 그렇습니다."

테니스 선수는 그 이후 슬럼프를 극복해 냈다고 한다.

세계 정상급 여자 테니스 선수가 슬럼프에서 벗어난 사례로 한때 인터넷에 회자되었던 이야기다.

여러분은 자신에 대해 얼마나 알고 있는가? 자신이 알고 있다고 생각하는 것들 중 상당 부분이 의외로 잘못 알고 있거나, 극히 일부만을 알고 있으면서 모든 것을 잘 알고 있다고 착각하거나, 편향되게 알고 있는 사람들이 많다. 특히 자신에 대해 잘 알고 있다고 생각할수록 자신에 대해 편향되거나 일부만을 알고 있으면서 전체적으로는 잘 알고 있다고 착각하는 경우가 많다. 이런 사람일수록 어떤 문제에 봉착하면 갈피를 잡지 못하고 더욱 힘들어 하곤 한다.

우리는 바쁜 일과 속에서 늘 접하는 것을 오히려 심도 있게 살펴보지 못해 제대로 인식하지 못하는 경우가 많다. 자기 자신에 대해서도 마찬가지다. 자기 자신에 대해 심도 있게 살펴보지 못해 더욱더 자신에 대해 제대로 인식하지 못하는 경우가 많다. 따라서 자기 자신을 잘 안다고 자신하는 것은 바로 자신을 편향적으로 알거나 일부를 아는 것만으로 전체를 안다고 착각하는 잘못으로 빠져드는 지름길이라는 것을 알아야 한다.

테니스 선수도 자신이 운동을 하는 목적에 대해 평소 잘 안다고 생각했을 것이다. 하지만 정작 목적이 무엇이냐는 상담사의 물음에 미처 그동안 자신이 인식하지 못했던 것을 알아차리면서 비로소 자신을 알아가는 단계로 들어서게 된 것이다.

꿈의 영토를 확장하려면 테니스 선수처럼 자신의 능력을 가장 객관적으로 봐줄 전문가의 도움을 받는 것이 필요하다. 현명한 사람일수록 그런 전문가를 주변에 두고 수시로 조언을 받으며 자신의 능력을 최대로 발휘한다.

이런 전문가를 멘토라 부른다. 요즘 대학에서는 멘토 및 멘티 제도를 활성화하고 있다. 지금 이 순간에도 학교에서 멘토 역할을 하는 전문가들은 잠재적 멘티인 학생들이 조언을 청하기를 기다리고 있다. 혼자 해결하기 어려운 문제가 있다면 주저하지 말고 나를 가장 객관적으로 도와줄 수 있는 전문가, 즉 멘토를 찾아가 보자. 멘토의 도움을 받아 자신 앞에 놓여 있는 장애를 제거해 나가며 미래 인생을 알차게 꾸려 보자.

상담사의 조언을 통해 슬럼프를 벗어난 테니스 선수처럼 주변을 둘러보고 나를 가장 객관적으로 봐주고 부족한 부분을 채워줄 멘토를 찾아보자.

✐ 한계란 누가 만든 것인가?

"난제라고 생각하지 않고 하나의 수학 문제라고만 인식했다. '한계'라고 규정짓고 시도조차 하지 않았다면 나는 문제를 풀지 못했을 것이다." - 존 밀러

1950년 3월, 미국 프린스턴 대학 수학시간에 늦은 한 학생이 허겁지겁 강의실에 들어갔지만 수업은 이미 끝났다. 다음 수업을 위해 가방을 정리하던 중 그의 눈에 칠판에 적혀있는 여러 개의 수학 문제가 띄었다. 학생은 그것을 교수가 내 준 지난 수업시간의 과제

라고 생각하고 급히 문제를 옮겨 적었다. 내성적인 성격의 그는 며칠 동안 끙끙대며 과제라고 생각한 문제를 풀기 위해 애를 썼다. 학생은 가까스로 과제 중에 한 문제를 풀어 교수에게 제출한다.

"교수님 죄송합니다. 정말 최선을 다했는데 한 문제밖에 풀지 못했습니다."

학생이 과제라고 생각하고 제출한 노트를 받아든 교수는 경악했다. 학생의 노트에는 오랫동안 풀지 못했던 수학계의 대표적인 난제 '3차원 공간 속에 갇힌 곡선'에 관한 정답이 적혀 있었기 때문이다. 학생은 그 문제가 난제라는 것도 모르고 오로지 과제라는 생각으로 풀었던 것이다.

학생이 바로 수학 분야의 3대상인 '필즈상, 울프상, 아벨상'을 모두 휩쓴 천재 수학자 존 밀러(John Willard Milor)로 '페리-밀러 정리'로 수학 역사의 한 획을 그은 위대한 인물이다.

세상에서 가장 큰 육상동물인 코끼리를 길들이는 방법은 간단하다. 어린 코끼리의 뒷다리에 무거운 쇠사슬을 달아 말뚝에 묶어 놓으면 처음에는 안간힘을 쓰던 코끼리는 이내 체념을 한다. 그때 쇠사슬을 제거해도 코끼리는 주변을 벗어나갈 시도조차 하지 않는다. 코끼리 스스로 말뚝 주변을 자신이 움직일 수 있는 한계로 규정을 했기 때문이다. 코끼리는 커서도 평생 그 주변을 벗어나려 하지 않는다. 코끼리는 그렇게 길들여져서 자신보다 힘이 약한 인간이 시키는 대로 하면서 평생을 보내게 되는 것이다.

코끼리처럼 스스로 규정한 한계에 갇혀 벗어나지 못하는 사람이 되겠는가? 아니면 끝없는 도전을 통해 한계를 극복해 나가는 사람이 되겠는가?

스스로 규정해 놓은 한계를 깨고 새로운 시도를 하지 않으면 잠재된 능력을 알 수 있는 사람은 아무도 없다. 코끼리처럼 길들여진 삶을 살지 않으려면 스스로 한계를 규정 짓는 어리석음에서 벗어나야 한다.

불가능한 기록은 없다

"내가 1마일을 4분 내에 주파하지 못한 건 나의 심폐기능에 한계가 있기 때문이 아니다. 그 동안 나 스스로 '그럴 수가 없다'고 믿었기 때문이다. 그 부정적인 믿음이 나의 심장에 제한을 가한 것이다."
- 로저 베니스터

1954년 5월, 당시 인간은 1마일(약 1,609m)을 신체적 한계로 여겨 4분 안에 뛸 수 없다고 생각했다.

"1마일을 4분 안에 뛴다는 것은 인간에게 불가능한 기록이다. 폐와 심장, 관절이 파열되고 근육과 인대, 힘줄이 찢어질 것이다. 이것은 죽음에 도전하는 것과 마찬가지다."

이렇게들 생각했기에 한동안 그 기록은 누구도 깨지 못했다. 당시 의학계에서도 1마일을 4분에 뛰는 것은 결코 넘을 수 없는 인간의 육체적, 심리적 장벽이라고 믿었다.

이런 상황에서 아마추어 선수이자 옥스퍼드 대학교 의대생이었던 로저 베니스터가 이 한계에 도전했다.

"인간은 1마일을 4분 안에 뛸 수 있다."

그는 이렇게 믿었다. 그리고 의학공부에 몰두하며 신체적 기능을 극대화시키는 훈련방법을 연구했다. 지구력과 스피드를 동시에 높이는, 기존의 방법과는 전혀 다른, 특별하고 새로운 훈련법을 고안했다. 그렇게 탄생한 것이 1마일을 4개 구간으로 나눠 뛰며 전력질주하고, 중간에 2분 간 휴식을 취하는 베니스터만의 훈련방식이었다.

그리고 마침내 베니스터는 1954년 5월 6일에 1마일을 3분 59초 08로 주파했다. 마의 4분대를 깨는데 성공한 것이다. 완주 후 그의 폐와 심장, 관절은 파열되지 않았고, 근육과 인대, 힘줄 모두 정상이었다.

이 거대한 장벽은 한번 무너지자 1개월 후에 10명의 선수, 1년 후에는 37명의 선수, 그리고 2년 후에는 300여 명의 선수에 의해 여지없이 무너져 내리기 시작했다.

베니스터의 도전과 성공이 그 이전까지의 한계를 모두 지워버린 것이다.

지금도 이처럼 불가능하다는 기록들이 베니스터와 같은 사람들에 의해 수없이 깨지고 있다.

'Why? - What? - How?'를 가슴에 새기자

"저는 특별히 하고 싶은 것이나 꿈이 없어요."

"4학년인데 어떤 목표를 갖고, 어떤 직업을 가져야 할지 방향조차 정하지 못한 상태여서 답답합니다. 어떻게 하면 좋을까요?"

"대학만 들어오면 모든 게 다 잘될 줄 알았는데 미래가 불안합니다."

"특별히 하고 싶은 것도 없고, 뭘 어떻게 해야 할지 모르겠어요."

"아직 진로를 정하지 못했어요."

"제 전공으로 취업할 수 있을까요?"

"전공에 흥미가 없어요."

"당장 무엇을 준비해야 할까요? 스펙은 어떻게 하죠?"

"요즘은 영어공부와 자격증 시험준비를 하고 있습니다."

학년에 관계없이 많은 학생들이 공통적으로 하는 말이다. 이런 문제를 어떻게 바라봐야 할까?

졸업한 지 6개월이 넘어가는 어느 공대출신 여학생이 기사자격도 있고 학점이 4.0이 넘는데도 졸업 후 '무엇을 해야 할지 모르겠다'며 하소연을 했다.

착실하고 자신에게 주어진 일에 최선을 다하는 학생이었다. 부모와 선생님의 말대로 열심히 학창시절을 보낸 학생이다. 대학을 진학할 때도 선생님과 부모님의 권유를 받아 전공을 결정했다. 대학 4년 동안에 전공공부도 열심히 했다.

하지만 대기업과 공기업에 응모하여 실패하자 이후 자신이 무엇을 해야 할지 갈 길을 잃어버렸다. 자신이 진정 하고 싶은 일이나 자신이 잘 할 수 있는 일, 좋아하는 일 등 자신의 적성이나 흥미에 대해서 폭넓게 생각하고 체험해 보지 않은 채 졸업 후 방향을 못 잡고 방황한 것이다. 정말 안타까운 일이다.

지금까지 자신이 왜 공부를 하고, 사회에서 무슨 일을 할 것이며, 어떤 인생을 살아야 할지 단 한 번도 스스로에 대해 'Why? - What? - How?'라는 질문을 가져보지 못한 탓이다. 이를 어떻게 극복해야 할 것인가?

"대학생활이 너무 루즈한 것 같고, 대학생활이 별 의미 없이 느껴져요."

이런 학생일수록 졸업을 앞두고 이렇게 상실감에 빠지는 경우가 많다. 왜 이런 일들이 벌어지고 있는 것일까?

이제부터라도 스스로 물어가며 자신을 점검해 보자.

내가 공부하는 이유는 무엇인가?

무엇을 공부하고 준비할 것인가? 어떤 방법으로 할 것인가?

'Why? - What? - How?'

이렇게 생각하고 또 생각해 보자.

Tip. 꿈의 영토를 확장하자

BTS의 'FAKE LOVE' 뮤직비디오 2억뷰 돌파!

BTS의 성공 요인은 무수히 많지만 활동무대를 국내가 아닌 세계시장으로 잡은데 있다. 영역의 한계를 두지 않은 목표, 케이팝이나 한국 출신이라는 꼬리표 없이 '세계에서 가장 인기 있는 보이밴드'로 승승장구하겠다는 커다란 꿈을 세웠기 때문이다.

세계화 시대에 발맞춰 자신의 현재 위치를 파악하고 한계를 두지 말고 꿈의 영토를 확장해 나가자.

해외교환학생, 해외연수, 해외봉사활동 등에 적극적으로 관심을 갖고 참여하자.

학교 내 해외 유학생들과도 적극적으로 교류해서 인맥을 쌓아가며 꿈의 무대를 세계로 펼쳐나가자.

꿈의 영토를 확장하기 위한 Big3 키워드

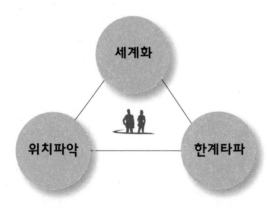

PART III

함께 풀어가는 대학생활

"대학생활이 평생을 좌우한다."

지금 젊은이들이 노인이 될 무렵에는 평균 수명이 100세
이상이 될 것이라고 한다. 그렇다면 지금 여러분은 어떻게
인생을 설계하고 준비해야 할 것인가?

그동안 삼성의 성공 DNA를 청년대학생들이
접목하는 방법에 대해 살펴보았다.
지금부터는 가장 소중한 시기인 대학생활에서
나를 점검해 보고, 꼭 해야 할 활동과
구체적인 실천사항을 살펴보자.

8강

나를 찾아가는 대학생활

근본 질문, 나는 누구인가?

"지금 어디로 가고 있습니까?"

차를 운전하고 길을 가는 사람에게 물어보면 모든 사람이 주저 없이 어디를 간다고 목적지를 말한다. 그러나 인생의 목적을 물어보면 답을 못하는 사람들이 대부분이다.

왜 그럴까? 하루하루 일상의 크고 작은 일들에 신경을 쓰다가 정작 긴 안목에서의 인생의 목표를 생각하지 못했기 때문이다. 자신이 지금하고 있는 일이나 행동의 의미를 깊이 있게 생각하지 못했기 때문이다.

나는 누구인가?
나는 어떤 사람인가?
과연 나는 살아가면서 진정 무엇을 하고 싶어 하는가?
나 자신에 대해 얼마나 잘 알고 있는가?

간단한 질문이지만 답하기가 쉽지 않다. 이제라도 잠시 나 자신에 대해 알아보기 위해 생물학적인 나, 사회적인 나, 역사적인 나,

심리적인 나에 대해 살펴보도록 하자.

● 생물학적인 나

생물학적인 나는 어떤가?

성별, 나이, 키, 체중, 시력, 혈액형, 눈동자와 피부색, 머리카락 색깔, 왼손잡이 혹은 오른손잡이, 언어습관 등을 살펴보자.

체력은 어떤지, 근육형인지? 100미터를 몇 초에 주파할 수 있는가? 철봉이나 푸쉬업은 몇 회까지 할 수 있는지? 노래나 춤추기는 잘하는지? 끼가 많은지?

외모는 어떤지, 부모님 중에 누굴 닮았나? 나와 비슷한 얼굴의 연예인이 누구인가? 나의 얼짱 사진의 카메라 각도와 시선은? 신체부위 중 가장 자신 있는 부분은?

조금이라도 시간을 들여 관찰하면 쉽게 확인할 수 있는 것들이다.

● 사회적인 나

사회적인 나는 어떠한가?

여러분은 이미 초중고등학교를 거치면서 나름 이력서에 쓸 수 있는 사회적인 자신의 모습을 갖추고 있다. 회장이나 반장이라도 했다면 충분히 사회적인 경력을 갖춘 것이다.

대학에서의 동아리, LAB, 학생회 활동, 기자활동 등은 물론 공모전에서의 입상 실적 등이 모두 사회적인 경력이다. 페이스북, 인스타그램, 카카오스토리 등의 SNS 활동을 취미로 하고 있다면 사회적인 활동을 하고 있는 것이다. 스마트폰에 저장된 전화번호 수가 얼마나 되는지로 사회적인 나의 대인관계를 가늠해 볼 수도 있다.

내가 힘들 때 언제든 도움을 요청할 수 있는 친구가 몇 명이나 있는가? 반대로 힘들어 하는 친구가 내게 도움을 요청해 올 때 기꺼이 도와줄 친구가 몇 명이나 있는가?

이런 것들이 사회적인 나를 가늠해 볼 수 있는 잣대들이다. 진지하게 점검해 보자.

● 역사적인 나

역사적인 나는 어떠한가?

족보, 친가나 외가의 가문, 자신의 출생 연월일 등이 역사적인 나의 한 모습이다.

유년기, 아동기, 청소년기의 10대 뉴스는 어떠한가?

가장 기뻤던 일 10가지, 가장 힘들었던 일 10가지, 인생에서 가장 아쉽거나 후회스러웠던 일 10가지 등도 역사적인 나의 모습이다.

중고등학교 시절의 생활기록부, 성적표, 대학생활의 포트폴리오 또한 역사적인 나의 기록물이다. 개인 블로그를 운영하고 있다면 이 또한 나의 역사적인 기록 자산이다.

이공대생의 경우 소프트웨어 앱 개발을 한 실적이 있는 학생들은 자기소개서에 자신이 개발한 앱을 볼 수 있는 사이트 주소를 기록하는 경우가 많다. 이 또한 역사적인 나를 나타내는 중요한 자산이다. 나 자신의 '생애 설계곡선' 또한 역사적인 나를 보여준다.

● 심리적인 나

심리적인 나는 이제까지 살펴본 것과는 달리 겉으로 드러나지 않는 면이 많다. 자신이 안다고 생각해도 때로는 많은 부분이 틀릴 수 있기에 세심한 분석이 필요하다.

나는 사람 사귀기를 좋아하는가? 낯가림을 하는가? 내성적인가? 외향적인가?

내가 좋아하는 것, 싫어하는 것은 무엇인가? 잘 하고, 못하는 것은 무엇인가?

나의 삶이나 직업의 가치관에서 어떤 요소를 중요하게 여기는 가? 가치관에 따라 삶이 완전히 바뀔 수 있다. 경제적 가치를 우선으로 하는지, 사랑이나 사람을 우선으로 하는지, 권력, 명예, 정의, 애국, 종교적 믿음, 봉사, 성취, 지식추구 등 어느 것을 우선으로 하는지?

요즘 우리 사회에서 '특혜'는 받으면서 '책임'은 지지 않는 사람들에 대한 논란이 많은데 이런 사회적 책임에 대해 어떻게 생각하는지?

심리적인 요소는 주관적으로 판단하기에는 오류가 많다. 따라서 전문적인 심리검사를 통해 객관적으로 알아볼 필요가 있다. 자신을 탐색하고 이해하기 위한 검사로는 성격유형검사, 기질 및 성격검사, 다면적 인성검사 등이 있다. 또한 진로설정을 위한 검사로는 직업선호도검사 L형 또는 S형, 직업가치관 검사 등이 있다.

대학에는 학생상담센터 등에서 다양한 심리검사를 무료로 실시하고, 결과를 전문 상담사가 설명해 준다. 학교시설을 이용하여 반드시 각종 심리검사를 받아보고 전문상담사와 충분한 상담으로 심리적인 나를 심층적으로 탐색할 수 있어야 한다.

나는 왜 대학생이 되었는가?

고교 졸업생 중 69% 정도가 대학에 진학한다. 왜 이렇게 많은 학생들이 대학에 진학하는 것일까? 전문지식과 기업가정신을 함양하여 창업을 통해 성공한 기업가가 되기 위해서일까? 좋은 기업에 취업하기 위해서인가? 모두 아니라면 연구직이나 대학에서 학문 연구를 계속 하기 위해서인가?

생각해 보자.

여러분이 대학에 진학한 이유가 무엇인가?

어떤 목적달성을 위해 대학에 다니고 있는가?

아니면 그냥 다녀야 하니까 다니고 있는가?

인생 100세 시대, 현재 대학생활을 하고 있는 내 모습이 내 인생에 어떤 단계이고, 어떤 의미가 있는지를 생각해 보고, 앞으로 살아갈 방향을 어떻게 잡으면 좋을지를 생각해 봐야 한다.

어떤 직업, 어떤 직장에서, 어떤 직무를 수행하며, 얼마의 수익으로 어떻게 살아갈지 미래모습을 그려보기 바란다. 어떤 상대와 언제쯤 결혼하고, 자녀는 몇 명을 낳고, 부모형제와의 관계, 친구들과의 관계는 어떤 모습이면 좋을지, 평생 돈은 얼마를 벌고, 어디에 어떻게 쓸지 등에 대해서도 생각해 보자.

"꿈보다 해몽이다."

나는 이 말을 좋아한다. 실제 어떤 꿈을 꾸었느냐보다 그 꿈을 어떻게 해석하고, 어떻게 생활에 활용하는지가 중요하다고 보기 때문이다.

이제 여러분도 왜 대학생이 되었는가를 살펴보고, 대학에서 무엇을 목표로 어떤 의미를 찾기 위해 대학생활을 할 것인가를 꿈보다 해몽으로 좋게 풀어볼 필요가 있다. 청년대학생으로 자존감을 갖고 대학생활에 대해 얼마나 의미 있는 생활을 할지가 중요하기 때문이다.

🔫 나를 한 마디로 표현하면?

"나를 한 마디로 표현하면 어떤 단어가 떠오르나?"

삼성에서 같이 근무했던 부서원들의 모임에서 후배들에게 물었다. 대학에서 제2의 인생을 살아가는 나의 이미지를 찾고자 물어본 것이다.

처음에는 서로 주저하며 조심스럽게 이야기하다 말문이 터지니 다양한 표현으로 이야기꽃을 피웠다. 무뚝뚝한, 다소 무섭기까지 한 매서운 눈초리, 달마대사, 선비 같은 분 등등 여러 가지 말이 분분했다.

그중에 누군가 '놀부' 같다며 '놀부교수'가 좋겠다고 했다. 난데없이 놀부교수란 말에 모두 놀랐다. 그는 곧바로 설명했다.

"놀부가 나쁜 이미지도 있지만 사회생활의 경험을 학생들에게 전해주려는 욕심으로 학생들을 지도하는 교수님의 모습이 놀부의 욕심처럼 강하게 보여 오히려 좋다."

후배의 말을 듣고 보니 정말 좋게 받아 들여졌다.

'그래, 나는 학생들을 가르치는 욕심으로 가득 찬 놀부교수다.'

이렇게 한 마디로 나를 표현하고 나니 학생들을 대하는 마음가짐이 달라진 힘을 느낄 수 있었다.

청년대학생들도 이처럼 자신을 표현하는 한 마디를 찾아보자. 그 힘은 엄청나다. 에너지를 한 곳으로 모아 한 방향으로 실천하는 원동력으로 작용한다.

당장 생각나는 단어가 없다면 대학을 졸업할 때까지 만들어 보자.

그 단어가 형용사든, 명사든, 또는 한 문장이든 상관없다. 나를 다른 사람과 차별화할 수 있는 유니크한 표현이면 좋다.

아무리 생각해도 자신을 차별화하여 표현할 말이 없다면, 이제부터 만들어 나가고 싶은 단어를 먼저 만들고 그 표현에 맞게 행동하고 노력해 나가는 것도 좋다.

"8색조 리더십!"

2016 리우데자네이루 하계올림픽에서 116년만에 여자골프 금메달을 획득한 여자골프 대표팀 박세리 감독을 표현하는 말이다. 박인비 선수가 금메달을 딸 수 있도록 때로는 엄마처럼, 언니처럼, 하숙집 선배처럼 뒤에서 '1인 3역'을 묵묵하게 소화하면서 다양한

역할을 수행한 성공적인 지도자에 대한 표현이다.

"웃기고 자빠졌네!"

방송인 김미화 씨가 학교에서 진행한 어느 방송사 토크쇼에서 스스로를 소개하며 자신의 묘비명에 쓰겠다고 한 말이다. 분위기를 살리고 웃기자고 한 말로 흘러 넘길 수 있지만, 천생 코미디언으로 살아가는 김미화 씨에게 가장 어울리는 표현이다.

여러분도 이처럼 자신의 삶을 잘 표현할 수 있는 한 마디의 말을 만들어 보자. 그동안의 경험과 자신에 대한 탐색을 통해 자신을 상징하는 표현을 만들고, 그 상징을 더욱 특화시킬 수 있도록 역량과 경험을 쌓아갈 수 있도록 하자.

지금 당장 나를 한 마디로 표현하는 말을 만들어 보자.

"나는 _____다."

내 인생의 황금기를 설계하라

"내 인생의 황금기는 언제일까?"

미국의 어느 연구소에서 인간의 한계 수명을 늘리는 연구를 하는데 인간수명은 150세까지도 가능하고, 현실적으로 120세까지 충분히 이를 수 있다고 한다.

우리나라 남성의 평균수명은 이미 82세를 넘었다. 인생 120세 시대가 된다면 어떤 인생을 살아갈 것인가?

20대 초중반의 청년대학생들이라면 꼭 생각해 볼 필요가 있다.

"내 인생의 황금기는 60세부터 75세였다."

- 김형석의 『백년을 살아보니』 중에서

김형석 박사는 1920년생으로 2019년 현재 100세의 철학가다. 100년을 살아보니 60세부터 75세가 황금기로 느껴졌다는 것이다. 여러분의 황금기는 몇 세라고 생각하는가?

인생을 크게 4등분하면 다음과 같다.

첫째, 태어나서 25세까지다. 유치원부터 대학교까지 제도권 교육을 받으며 미래를 준비하고 계획하며 역량을 쌓는 시기다.

둘째, 26세부터 50세까지다. 그 동안 배우고 준비해온 걸 바탕으로 사회생활을 하는 시기다. 직장생활이나 사업을 하며 경제적 가치를 획득하고 사회적 지위를 인정받는 등 사회에서 왕성한 활동을 하는 시기다.

셋째, 51세부터 75세까지다. 제2막, 제3막의 인생을 새롭게 시작하며 경제적 가치획득은 줄어들더라도 경제활동을 통해 의미 있는 생을 살아가는 시기다. 50대 중후반의 시기는 개인차에 따라 상황이 많이 달라지기도 한다. 60세 정년을 앞두고 임금피크제를 적용받아 수익이 줄어드는 쇠퇴기가 될 수도 있지만, 반대로 왕성한 사회생활의 결과를 꽃피우는 인생의 절정기일 수도 있다.

넷째, 76세부터 100세까지다. 사회에 대해 어느 정도 체념을 한 채 정신적 육체적으로 건강이 허락하는 범위에서 노년을 즐기며 우리사회가 좋아지는 모습으로 변하는데 기여할 수 있는 시기다.

25세 이전과 75세 이후는 교육을 받으며 역량을 쌓기도 하고, 사

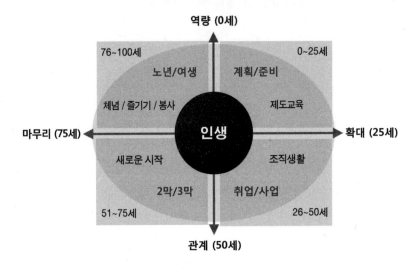

회생활을 하며 쌓은 역량을 베푸는 시기로 공히 '역량'이 쌓여서 높아가는 상태라 할 수 있다.

25세부터 75세까지는 활발한 사회생활을 하며 사람들과의 '관계'를 계속 늘려 나가는 시기다.

이를 활동 정도로 살펴보면 태어나서 50세까지는 배우면서 왕성한 조직생활을 하며 계속 활동을 '확대'해 나가는 시기다.

반면 50세 이후는 제2막, 제3막의 인생을 살며 건강이 허락하는 범위에서 활동하면서 사회발전에 기여하며 인생을 '마무리'하는 시

기라 할 수 있다

  청년대학생들이 4차 산업혁명 등 변화무쌍한 이 시대에 자신의
인생, 그것도 100세 시대에서의 인생을 설계해 보는 것은 매우 의
미 있고 중요한 일이다.

  생애설계는 긴 안목으로 할 필요가 있다. 결코 만만치 않은 일
이다. 기존의 고정관념이나 사고를 기준으로 미래설계를 하기에는
변화가 너무 많고 위험하다.

  자신의 개성, 하고 싶은 것, 잘할 수 있는 것 등 흥미와 능력을
토대로 직업가치관과 잘 조화시켜 생애설계를 해야 한다.

  처음부터 완벽할 수는 없다. 따라서 처음에는 완벽하지 않아도
좋다. 점차 수정해 나갈 것을 전제로 미래 모습을 상상하며 목표
를 세우는 게 좋다. 가다 보면 길이 보이는 것처럼, 나무가 자라면
서 다양한 가지를 뻗어나가듯이 인생 설계도 그렇게 해나가는 것
이 좋다.

나를 수시로 점검해 보자

"저에겐 환경디자인이 맞는 것 같아요."

대학에서 디자인을 전공한 4학년 학생이 여름방학 중 4주간 현장실습을 통해 자신이 나가야 할 방향을 재설정했다. 제품디자이너가 되고자 시각디자인을 전공한 학생이 제품디자인을 전문으로 하는 중소기업에서 현장실습을 하는 중에, 자신에게는 제품디자인보다 환경디자인이 더 적합한 분야라는 걸 실감했다. 그리고 진로를 환경디자인 분야로 재설정했다며 밝게 웃으며 찾아왔다.

제품디자인은 기능성을 고려한 제품 그 자체의 디자인만 신경 쓰면 되지만, 환경디자인은 주변 환경과의 조화를 고려하면서 포괄적으로 디자인을 해야 하는 차이가 있는데, 자신이 하고 싶은 일, 잘할 수 있는 일이 현장실습을 통해 환경디자인 분야라는 걸 알게 되어 진로를 재설정한 것이다.

교사가 되려다 진로를 수정한 사례도 있다. 사람을 상대하기 좋아하고 남들에게 뭔가 설명하고 이야기하는 것을 좋아하여 중고등학교 교사가 되는 꿈을 가진 청년대학생이다. 4학년 때 교생실습을 갔는데, 학생들을 가르치는 게 어렸을 때부터 꿈이어서 좋았지만, 동일한 내용의 강의를 수차례 반복해야 하는 교사의 직업 특성을 경험하고는 고민하기 시작했다. 그는 교생실습이란 경험을 통해 교사의 꿈을 포기하고, 사람을 좋아하고 새로운 일을 자주 경험하는 영업 마케팅 직군으로 진로를 수정했다.

자신을 확인 검증할 수 있는 대표적인 경험활동으로 현장실습, 인턴 실습, 아르바이트 등이 있다. 스스로 자신을 관찰, 분석하거나 각종 검사를 통해 자기탐색을 하고 이해한 것으로 끝내지 말고 가능하다면 경험을 통한 테스트를 통해 확인 검증하는 것이 좋다.

네 가지는 꼭 챙기자

급격한 과학기술 발전과 변화로 10~20년 뒤를 예측하기 어려운 시대가 되었다. 대학에서 시키는 공부만 했다가는 사회진출 때 많은 어려움을 겪을 수밖에 없다.

학교에서 가르치는 교육방식은 대부분이 19세기에 만들어진 것이다. 이런 교육방식은 20세기까지는 통했다. 하지만 4차 산업혁명 시대에는 통하기 어렵다.

따라서 대학생활 중에 사회진출을 위한 많은 생각과 다양한 경험, 그리고 활동을 해야 한다.

우리가 강조하는 대학생활 가이드는 크게 네 가지다.

첫째, 인생의 목표가 무엇인지 명확히 정하자. 목표를 정하지 못하겠으면 방향이라도 정하자. 그렇게 정한 목표나 방향이 대학생활에 어떤 의미를 갖는지 점검해 보자. 혼자서 정하기가 힘들다면 지도교수나 진로상담센터 등의 상담을 적극적으로 활용하자.

둘째, 전공뿐만 아니라 융합분야에 초점을 맞춰 자신만의 역량을 키우자. 급속한 사회변화로 전공학문만으로는 부족한 경우가 많다. 융합전공이나 비교과 과정에도 많은 관심을 갖자. 다양한 경험을 통한 직무역량과 문제해결능력을 갖춰나가자. 인문사회계열, 이공계열을 구분하지 말고 빅데이터, 인공지능, 블록체인, 딥러닝 등 신기술 영역의 전문지식을 보완해 나가며 이로 인한 트렌드 변화에 관심을 갖자.

셋째, 직무역량이나 전공과 연관된 경험을 쌓아 자신을 차별화하자. 인턴, 현장실습, 캡스톤디자인, 학회, 동아리, 창업동아리, 여행 등 다양한 활동을 통해 대학생활 중 위기를 극복해 나가는 경험을 많이 축적할 수 있으면 더욱 좋다.

넷째, 기본적인 인성을 습관으로 익혀나가자. 밝게 인사하기, 기본적인 복장 갖추고 수업에 임하기, 내가 앉은 자리 책상 정리하기, 수업 시간 5분 일찍 오기 등은 학생으로서 지켜야 할 기본적인 인성이다.

작은 일에서부터 지킬 건 지키자. 해야 할 일은 솔선수범하자. 회사에서도 기본적인 예절을 지키는 사람들이 성공한다. 예를 들어 회식 자리에서 고기를 먼저 자르거나, 마실 물을 먼저 따라 챙겨주는 직원들이 결국 좋은 평가를 받는다. 이런 것을 인성이라 하는데, 인성은 습관에서 드러나는 것이니 평소에 작은 일에서부터 습관화해야 한다.

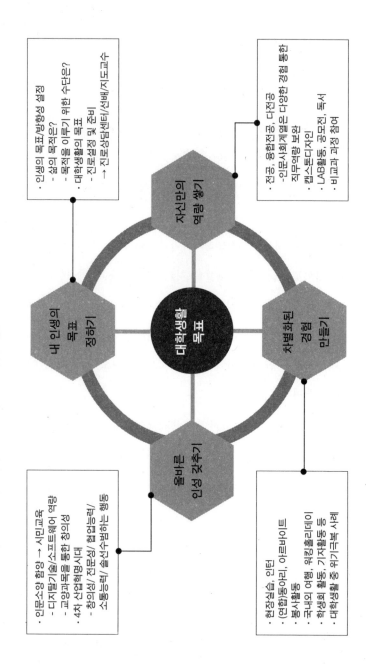

대학생활 목표

자신만의 역량 쌓기 · 내 인생의 목표 정하기 · 차별화된 경험 만들기 · 올바른 인성 갖추기

내 인생의 목표 정하기
- 인생의 목표/방향성 설정
  - 삶의 목적은?
  - 목적을 이루기 위한 수단은?
- 대학생활의 목표
  - 진로설정 및 준비
  → 진로상담센터/선배/지도교수

자신만의 역량 쌓기
- 전공, 융합전공, 다전공
  -인문사회계열은 다양한 경험 통한 직무역량 보완
- 캠스튼디자인
- LAB활동, 공모전, 독서
- 비교과 과정 참여

올바른 인성 갖추기
- 인문소양 함양 → 시민교육
  - 디지털기술/소프트웨어 역량
  - 교양과목을 통한 참의성
- 4차 산업혁명시대
  - 참의성/전문성/협업능력/
    소통능력/솔선수범하는 행동

차별화된 경험 만들기
- 현장실습, 인턴
- (연합)동아리, 아르바이트
- 봉사활동
- 국내외 여행, 워킹홀리데이
- 학생회 활동, 기자단 등
- 대학생활 중 위기극복 사례

졸업 후 선택할 수 있는 진로를 모색하라

취업, 창업, 대학원 진학.

대학졸업 후 선택할 수 있는 세 가지 진로가 있다.

어느 것을 선택하느냐는 학생의 결정이다.

● 취업을 선택한 경우

"직무와 업종을 먼저 결정하자."

성격, 적성, 직업흥미도, 가치관 등을 고려하여 원하는 직무와 기업을 선정하자.

분명한 타깃을 정해 공략해 나가자. 기업부터 결정하고 취업할 경우 조직문화나 직무에 적응하지 못하거나 본인이 생각했던 직무와 달라 경력도 제대로 쌓지 못하고 조기 퇴사할 수 있다.

해외진출도 적극적으로 검토해 보자. 4차 산업혁명시대는 세계가 하나의 시장이다. K-MOVE사업 등 해외취업 프로그램을 활용하면 좋다. 일본 등 해외기업에 취업하여 3~4년 경력을 쌓으면 국제

감각과 외국어 능력도 향상할 수 있다. 국내기업에서도 그 경력을 인정하고 좋은 처우로 받아들이게 될 것이다.

● 창업을 선택한 경우

"창업프로세스를 충분히 경험해 보자."

기술 기반이든 아이디어 기반이든 현실성 있는 창업을 해야 한다. 분명한 목적과 의지를 갖고 해야 한다. 진입장벽이 낮은 요식업이나 서비스업 분야의 생계형 창업은 더욱 강한 의지를 갖고 임해야 한다.

창업은 A부터 Z까지 모든 것을 자신이 스스로 해결해야 한다. 따라서 학창시절 창업동아리 활동 등을 통해 창업프로세스를 경험하고 다양한 아이디어를 구체화하면서 학교의 자원을 최대한 활용하며 실력을 쌓아야 한다.

대부분의 학교에서는 창업동아리 지원은 물론 스타트업 지원 및 창업경진대회를 실시한다. 창업공간은 물론 컨설팅 지원, 자금지원 등의 많은 혜택을 주고 있다.

한번쯤 도전해볼 만한 경험들이다.

● 대학원 진학을 선택한 경우

"분명한 목적을 갖고 진학하자."

전공분야의 심도있는 연구를 계속하거나 좀더 실력을 갖춰 사회에 진출하고자 할 때 대학원 진학을 해야 한다. 연구활동을 계속하여 학교에 남아 교수의 길을 가거나 민간기업 연구소나 국책연구소에 취업을 하고자 하는 등 대학원 진학은 목적을 분명히 해야 한다.

그런데 많은 청년대학생들이 취업이 안 되니까 대학원에 진학하는 경우가 있다. 이런 경우 대학원을 졸업하고 학사 자격을 요구하는 일반 민간기업에 취직해야 하는 상황에 직면한다면 2년이란 세월을 허비한 결과가 된다는 사실을 염두에 둬야 한다.

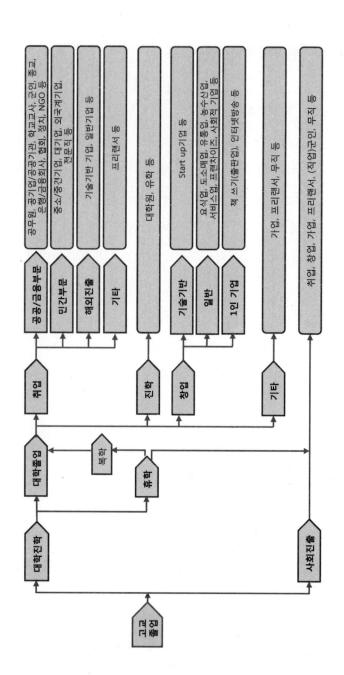

진로선택 맵

고교 졸업

대학진학

사회진출

대학졸업

복학

휴학

취업 → 공공/금융부문 → 공무원, 공기업/공공기관, 학교교사, 군인, 종교, 은행/금융회사, 협회, 정치, NGO 등

민간부문 → 중소/중견기업, 대기업, 외국계기업, 전문직 등

해외진출 → 기술기반 기업, 일반기업 등

기타 → 프리랜서 등

진학 → 대학원, 유학 등

창업 → 기술기반 → Start up기업 등

일반 → 요식업, 도소매업, 유통업, 농수산업, 서비스업, 프렌차이즈, 사회적 기업 등

1인 기업 → 책 쓰기(출판업), 인터넷방송 등

기타 → 가업, 프리랜서, 무직 등

취업, 창업, 가업, 프리랜서, (직업)군인, 무직 등

선택은 내 몫이다

"한 인간에게서 모든 것을 빼앗아 갈 수는 있지만, 한 가지 자유는 빼앗아 갈 수 없다. 바로 어떤 상황에 놓이더라도 삶에 대한 태도만큼은 자신이 선택할 수 있는 자유이다."

- 빅터 프랭클(Viktor Frankl)

나치의 유대인 학살 때 아우슈비츠 수용소에서 죽음의 문턱까지 갔다 온 정신과 의사 빅터 프랭클의 마음자세를 되새겨 보자.

시각 장애를 딛고 서울대 정시모집에 당당히 합격한 김수연 양은 생후 4개월 만에 바이러스로 시력을 잃었다. 하지만 음악을 선택하면서 무대에 오르는 꿈을 갖고 매일 피아노와 함께 노래연습을 했다. 그렇게 모든 에너지를 쏟아 각종 대회에서 수상하면서 음악영재로 성장해 나갔다.

하지만 고등학교 2학년 때 그 음악마저 포기해야 했다. 선생님의 입 모양을 볼 수 없어 성악가로서의 미래가 암담했기 때문이다. 그녀는 시각장애인으로 성악을 계속할 수가 없게 된다는 것을 알고도 좌절하지 않았다.

자신의 또 다른 인생을 선택했다. 점자책을 보며 공부해서 서울대 정시모집에 당당히 합격했다.

스스로 선택한 길이기에 자신이 모든 에너지를 쏟아 꿈을 이룰 수 있었던 것이다.

"오늘날의 나는 과거의 수많은 선택의 결과로 이루어졌다."

삶은 선택의 연속이다. 대학진학, 취업·이직·퇴직, 창업, 결혼, 출산, 노후준비 등등 모든 것이 다 자신의 선택에 의해 이뤄진다.

대기업을 경영하는 CEO도 하고 싶은 일이 많지만 주어진 자본, 인력 등의 리소스를 어디에 투입할지에 대해 끊임없이 선택해야 한다. 경영자가 기업의 자원을 어디에 투입할지 선택하는 것과 같이 개인도 자신이 처한 환경변화 속에서 자신의 자원을 어디에, 어떻게 투입할지에 대한 선택을 해야 한다.

미래는 누구에게나 불확실하다. 선택을 보류한 채 망설임의 시간을 보내면 결국 남는 건 도태와 후회뿐이다. 불확실성은 불안감을 초래한다. 불안감을 극복하고 불확실성을 가능성으로 바꾸려면 자신에 대한 믿음을 갖고 스스로 선택해야 한다. 그래야 자신의 에너지를 최상으로 발휘할 수 있다.

Tip. 나를 찾아가는 대학생활!

Why?

나는 왜 대학생이 되었는가?

나는 누구인가? 자아존중감을 높이자.

나를 한 마디로 표현한다면?

끊임없이 찾아가며 나를 한 마디로 표현해 보자.

현재의 나를 인정하고 미래를 설계하기 위해 학창시절에 꼭 챙겨야 할 네

가지를 명심하자.

첫째, 인생의 목표를 명확히 정하자.

둘째, 자신만의 역량을 키우자.

셋째, 경험을 통해 자신을 차별화 하자.

넷째, 인성을 습관으로 완성해 가자.

나를 찾아가는 대학생활을 위한 Big3 키워드

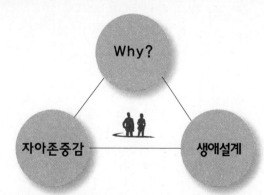

9강

대학생활 이것만은 꼭!

대학입시 경험을 취업준비로 연계시켜라

대학입시를 위해 준비했던 경험을 되새겨 보자. 대학입시는 서류전형과 면접전형으로 이루어진다.

서류전형은 학교생활기록부, 자기소개서, 추천서 등으로 평가한다. 면접전형은 확인면접, 인성면접, 심층면접, 방문면접 등으로 평가한다.

이것은 기업에서도 마찬가지다. 대학입시를 준비한 학생이라면 취업준비도 이와 같은 방법으로 준비해 나가야 한다. 대학시절에 본인의 스토리를 만들어 취업을 준비해 나가면 된다.

대다수의 대학은 서류전형에서 전공적합성, 발전가능성, 학업역량, 인성 등을 평가한다. 대학교에서 왜 이런 것을 중요하게 여기겠는가?

'전공적합성'은 말 그대로 지원하는 대학의 전공과 관련된 관심과 이해, 노력과 준비 정도를 의미한다. 회사의 희망직무에 대한 조항과 다르지 않다.

'발전가능성'이란 현재의 상황이나 수준보다 질적으로 더 발전할 가능성을 의미한다. 자기주도성과 다양한 경험과 리더십, 창의적인 문제해결 능력이 중요하다. 대다수의 회사에서도 자기소개서나 면접을 통해 평가하는 중요 항목이다. 지원동기, 입사 후 포부 등을 잘 준비해야 한다.

[대학입시와 취업준비 비교]

대학입시	취업준비
수시와 정시 수시 : 서류 전형 / 면접 　* 1인당 6개 대학까지 지원 가능 정시 : 수능시험 / 면접	1차 : 서류(입사지원서, 자기소개서 등) 2차 : 인·적성검사, 직무적성검사 3차 : 면접 * 입사 지원회사 수, 지역, 종류 등 제한 없음
· 모든 대학교의 평가요소가 같거나 　유사하다	· 모든 회사, 기관마다 다르다 · 기업문화, 필요 직무 등에 따라 　각양각색이다
· 학업연관성이 깊어 공부 잘하면 　유리하다	· 자기소개서가 제한이 없고 직무역량이 　중요하다
· 공부 잘하는 순서대로 입학하게 된다	· 본인만의 특기에 따라 입사 가능성이 　높아진다 · 블라인드 채용이 확대되는 추세로 스펙 　보다 직무역량을 중시한다

'인성'은 공동체의 일원으로서 갖추어야 할 협업능력, 나눔과 배려, 소통능력, 도덕성과 성실성이 행동으로 드러나는 것을 말한다. 회사에서 협업능력은 절대적으로 중요하다. 조직의 목표를 달성하기 위해서는 신뢰를 바탕으로 한 단체활동이 필수적이다. 이것은 대학입시나 취업뿐만 아니라 원만한 공동체 생활을 위해서 꼭 실천으로 체화시켜서 갖추어야 할 덕목이다.

'학업역량'은 학업성취도, 학업 태도와 학업의지, 탐구활동 등으로 드러난다. 기업에서 중요하게 여기는 문제해결 능력과 직결된다. 아울러 직무역량과 연계된 것으로 지속적인 학습의지를 갖추는 것이 중요하다.

그러므로 대학입시의 평가항목을 채워가듯이 취업을 위해 대학생활에서도 꾸준히 준비해 나간다면 원하는 기업과 원하는 직무에 적합한 능력을 갖추게 될 것이다.

학년별 포트폴리오를 확인하자

"대학은 1학기, 2학기 두 계절뿐이다."

실행계획과 자기관리 없이는 무엇을 했는지 졸업 시점에 후회할 일이 생길 수 있다. 따라서 후회할 일이 없게 하려면 효과적인 대학생활을 위해 각 학년별로 구체적인 목표를 세우고 관리하는 것이 중요하다.

1학년 : 변화적응과 자기 탐색

2학년 : 미래 설계와 방향 설정

3학년 : 진로 결정과 본격적인 준비

4학년 : 진로 실현

지금부터 제시하는 학년별 포트폴리오는 개인별 처지나 상황에 따라 내용은 물론 시기도 조정이 가능함을 참고하여 살펴보기 바란다.

학년별 포트폴리오

구분	1학년	2학년	3학년	4학년	졸업 후
목표	새로운 시작 (변화적응·자기탐색)	미래설계 및 진로설정 (방향설정)	진로결정(검증) 및 본격적인 준비	성공적인 진로실현을 위한 마무리	선택한 진로성취
추천활동	• 각종 심리검사, 상담 • 자신의 SWOT분석 • 이력 넣기 • 진로탐색 • 다양한 교양 쌓기 • 학년별 목표 설정	• 전공 기초 역량 쌓기 • 진로관련 직무분석 • 각 조사 및 준비 • 다양한 비교과 과정 • 전시회, 커퍼런스 • 융합전공, 복수전공 고려	• 전공 필요 역량 쌓기 • 희망 직무 조사, 검증 • 독직 있는 자격증 준비 및 확보 • 외국어 자격 先확보	• 부족 역량 채우기 • 목적 있는 자격 취득 • 자기소개서 클리닉 • 연접 클리닉 • 기업설명회, 채용설 • 명회 특강·취업업무 • 참회 참여	• 자기소개서클리닉 • 면접클리닉 • 채용/정영 환경 • 변화 파악 • • •
추천경험	• (연합)동아리 • 봉사활동 • 아르바이트 • 국내외 여행	• 해외 연수·해외 교 환·해외 봉사활 동·해외 배낭 여행 • 대외활동(기자,홍보 단·마케터,봉사 등)	• 현장실습(방학기간) • Lab활동 • 공모전/경진대회 • 창업동아리/캠프	• 인턴(또는 현장실습) • 취창업동아리/캠프 • Lab활동 • 공모전/경진대회 • 캠스튜디자인	• 모교 컨설팅 프로그램 • 모교 취창업역량 강화 프로그램
보조활동	• 다양한 교재 시설 및 프로그램 조사, 활용	• 학점관리 • 학교 외 국내외 활동	• 교내 취창업 프로그램 • 일꺼리즘 공부	• 선배 자문 • 인적성 시험준비	• 인맥 통한 진로모색
공통활동	독서, 멘토 지도, 약한 인맥 형성, 시간관리, On/Off line 신문 읽기				

□ 2년제 대학은 한 학년을 한 학기로 단축해서 볼 수 있다

'새로운 시작'을 위한 자기탐색과 다양한 활동 시기

목표	추천 경험 및 활동	보조 활동
1) 새로운 시작 - 고정관념 깨고, 변화적응 2) 자기 분석 및 이해 3) 다양한 활동으로 인맥 쌓기 및 진로탐색 4) 다양한 교양 쌓기와 사회 알기	- 각종 심리검사 및 상담 - 자신의 SWOT분석, (연합)동아리, 봉사활동, 아르바이트 - 국내외 여행(견문 넓히기, 이문화 체험, 글로벌 마인드)	교내 지원 프로그램 조사 및 참여. 비교과 과정 참여.

(1) 새로운 시작을 위해 이제까지 살아오면서 몸에 밴 습관과 고정관념을 버리고 새롭게 시작할 마음자세와 태도를 갖추자.

(2) 대학생활의 물리적인 변화뿐만 아니라 수강과목 선택, 공강시간 활용 등 눈에 보이지 않는 변화 인식 등을 통해 대학생활에 적응하고 자기정체성을 파악하는 노력을 하자.

(3) 자신이 하고 싶은 것, 잘하는 것, 강약점, 성격, 적성, 흥미 등

자기탐색을 충실히 하자. 자기분석과 이해를 통한 자기탐색을 위해서 학교 내 전문 상담센터를 방문하자. 학교의 심리상담센터는 철저하게 개인정보보호가 이루어지므로 검사 받는 것을 주저할 필요가 없다. 구체적인 검사 종류는 전문 상담사와 상의하면 좋다.

(4) 대학입시 준비로 힘들었던 심신을 회복하고 다양한 교양과목 수강과 동아리 활동, 연합동아리, 아르바이트, 봉사활동, 국내외 여행 등의 많은 경험을 통해 견문을 넓히자.

(5) 낯가림을 없애고 가능한 다양한 인맥을 넓히는데 투자하자. 동아리 활동은 가능하면 타 학교 학생들과 함께 하는 연합동아리 활동을 하자. 타 학교 학생들은 어떤 생각을 하고 어떤 활동을 하는지 등 나와 무엇이 다른지를 이해하는 기회와 폭넓은 인맥을 형성하는 기회가 된다.

(6) 학교 내에는 학생처 등 다양한 부서에서 주관하는 비교과 프로그램이 많다. 대학생활에 익숙하지 않은 신입생이지만 학교나 학과 홈페이지 또는 교내 게시판 등을 항상 관찰하고 해외연수 프로그램 등 경제적으로도 저렴한 좋은 프로그램에 적극적으로 참여하도록 하자.

(7) 대부분의 대학에서 1학년 때 교양과목으로 인생설계나 진로설계 관련 과목을 수강하게 하며 3학년 때부터 본격적인 취업, 창업 지도를 한다. 여유를 갖고 취업과 창업프로세스를 경험할 수 있는 프로그램에 관심을 가져보자.

(8) 신입생이 해방감으로 캠퍼스라이프를 만끽하는 것도 필요하지만 학점관리에도 신경 쓰자. 특히 남학생들의 경우 일부 선배들이 군대 갔다 오기 전까지는 실컷 놀라는 말을 하는데 그렇지 않다. 그런 조언을 해준 선배 중에 좋은 학점을 취득했거나 제대로 창업 또는 취업한 선배가 있는지 살펴보면 알 것이다.

(9) 반수나 재수는 가능한 하지 말자. 차라리 복수전공, 융합전공 등 다전공이나 전과 또는 학사편입 등을 고려하자.

(10) 남학생이라면 1학년을 마치고 본격적인 전공공부를 시작하는 2학년 진학 전에 병역의무를 마치는 방안을 고려해 보자.

'미래 설계'를 본격적으로 하는 방향설정 시기

목표	추천 경험 및 활동	보조 활동
1) 미래설계 및 진로설정 (방향설정) 2) 전공분야 기초역량 쌓기 3) 진로관련 직무와 자격 조사 및 준비 4) 학점관리	- 각종 심리검사 및 상담(계속) - 다양한 특강, 전시회, 컨퍼런스 참여 - 융합전공, 복수전공 고려 - 해외 교환학생, 해외연수, 해외 봉사활동, 해외 배낭여행 - 대외활동(기자, 홍보단, 마케터, 봉사, 기업의 대학생 대상 프로그램 등)	교내 취창업 지원프로그램 파악

(1) 꿈과 비전, 목표를 세우는 등의 미래설계를 본격적으로 하자. 진로설정은 나중에 수정해도 좋으니 자기이해를 기반으로 진로를 설정해 보자. 조사 결과 약 50%의 학생이 진로방향이나 목표를 2학년 때 설정한다.

(2) 1학년 때 진로설계 지도를 받으며 자기이해를 위한 각종 검사

와 상담을 했겠지만, 추가적으로 필요한 사항을 2학년 때 마무리 짓자.

(3) 자기 자신에 대한 각종 검사 결과에 대해 사회를 경험하는 다양한 활동으로 검증해 보자. 자신을 좀 더 정확히 이해하고 진로설정을 하는데 도움을 얻을 수 있다.

(4) 본격적인 전공 심화과정이 시작됨에 따라 학점관리에 관심을 갖고 복수전공, 융합전공 등 다전공도 고려하자.

(5) 학교 내외의 다양한 특강, 전시회, 포럼, 컨퍼런스 등에도 적극 참여하고 전공과 관련한 교내 취·창업 지원프로그램 등에 어떤 것이 있는지 미리 파악해 두고 고학년 때 활용하도록 하자.

(6) 이공계열 학생이라면 1학년은 가입이 어려웠던 LAB활동을 시작하여 교과목 수강만으로 얻을 수 없는 전공지식과 경험을 쌓아나가자.

(7) 진로를 정했으면 자신이 원하는 직무를 조사, 연구해 나가자. 자신이 진출하고자 하는 산업군과, 거기에 해당하는 대·중·소 규

모별로 어떤 기업이 있는지 조사하자.

(8) 교환학생, 해외연수, 해외 봉사활동, 해외 배낭여행 등의 경험을 가능하면 해보자. 이문화 체험을 통한 생각의 틀과 시야를 넓히고, 국제 감각과 영어 능력향상에 많은 도움을 얻을 수 있다.

(9) 대학생 2년차로서 절대적인 시간부족을 경험해 보았을 것이다. 중요한 일부터 처리하는 시간관리를 습관화 하자.

3학년

'본격적인 준비'를 하며 역량을 쌓는 시기

목표	추천 경험 및 활동	보조 활동
1) 진로결정(검증) 2) 희망 직무 설정 3) 필요 역량 쌓기 및 부족한 역량 채우기 4) 외국어 자격확보 및 전공자격 준비	- LAB활동, 공모전 - 현장실습 (학기제 또는 계절제 - 방학 기간) - 목적 있는 자격증 준비 및 확보 - 창업동아리 및 창업캠프 - 관련기업 대학생 대상 프로그램 참가	교내 취창업 지원프로그램 활용

(1) 진로방향과 목표를 결정하고 검증하자. 이미 진로를 정한 학생은 그 결정이 맞는지 검증해 보고, 아직 정하지 못한 학생은 서둘러 정하도록 하자. 진로는 가급적 3학년 때까지 결정하고 본격적인 준비를 하는 게 안정적이다. 목표는 학년이 올라가면서 수정할 수 있다. 목표 수정은 환경변화와 직업세계의 변화가 심한 요즘 사회에서는 필요조건일 수 있다.

(2) 대학생활 중 가장 바쁘고 어려운 시기다. 결정한 진로계획을 달성하기 위해 부족한 부분을 채우고, 필요한 전공공부도 내실화 하고, LAB활동이나 직무경험을 통해 전공분야의 실력을 쌓아 나가자.

(3) 취업준비를 본격적으로 시작하자. 4학년이 되어 취업준비를 하는 것은 늦을 수 있다. 학점관리와 자신이 진출하고자 하는 희망직무 관련 직무역량을 쌓도록 하자.

(4) 방학을 이용한 현장실습 체험 등을 통해 직무경험 또는 사회를 경험해 보자.

(5) 필요한 자격이 무엇이며 그 자격이 어떤 의미를 갖고, 어떻게 활용될지를 명확히 파악하고 자격취득을 위한 준비, 실천에 돌입

하자. 공인영어 자격은 3학년 때까지 미리 확보해 두면 좋다.

(6) 학교 내외에서 주관하는 창업동아리 활동도 가능하면 해보고 창업캠프도 참여해 보자.

(7) 창업프로그램은 아이디어를 구체화해서 실행해 보는 과정으로 중요하다. 실제 창업할 의도가 없더라도 창업프로세스를 경험해 보자. 문제를 해결하거나 개선하는 능력을 키울 수 있어 취업 후에 기업에서 요구하는 능력을 갖출 수 있다.

(8) 소프트웨어 개발 직군의 경우 창의력을 중요시하여 알고리즘 시험을 보는 기업이 증가하고 있다. 삼성전자, 삼성SDS의 경우 2016년부터 알고리즘 시험을 강화하여 필수로 하고 있다. 신입사원 채용뿐 아니라 기존사원들도 직군에 따라 알고리즘 시험을 의무적으로 치르고 자격을 취득하게 하고 있다. 알고리즘은 아는 사람들에게는 쉽지만 그렇지 않은 사람들에게는 상당히 어렵다. 많은 응시생들이 알고리즘 시험에서 고배를 마시는 실정이다. 대기업 취업을 지망하는 사람은 미리 알고리즘 공부를 해놓는 것이 좋다.

 삼성SDS, 삼성전자 임직원이 알고리즘을 학습하는 싸이트 정올(www.jungol.co.kr)을 참고하면 좋다.

4학년

'체계적인 마무리'와 멘탈 관리 (근성+적극성+자신감)로 결실을 맺는 시기

목표	추천 경험 및 활동	보조 활동
1) 진로를 위한 대학생활 마무리		
2) 부족한 점 채우기 (학점, 어학, 자격 등)	- 인턴 활동(체험형, 채용연계형, 현장실습)	자신을 대표적
3) 직무 경험 쌓기	- LAB활동, 공모전, 캡스톤디자인, 취업동아리 및 취업캠프	으로 표현하는 단어 설정
4) 성공적인 취업 실현		
· 취업정보수집 및 분석	- 목적 있는 자격증 취득	
· 이력서, 자기소개서 완성	- 기업채용설명회, 특강 참여	인적성 시험
· 구체적인 면접 준비 (모의면접 참여 등 면접스킬 익히기)	- 자기소개서 클리닉, 면접 클리닉 모의면접 등	준비

※ 멘탈 관리란, 어려움을 이겨내고 실패를 두려워하지 않는 근성과 모든 일에 적극적으로 임하는 자세와 주어진 상황에 주저하지 않는 자신감을 의미한다. 이러한 멘탈이 습관화되어 인성으로 표출되어야 한다.

(1) 인턴십에 적극적으로 참여하자. 내가 꿈꾸고 상상했던 사회생활이 기대와 부합하는지, 부합한다면 꿈을 이루기 위해 구체적으로 어떤 준비를 추가하거나 그만 둬야 할지 구체적인 Action plan을 수

정하고 실천하자. 내가 상상하고 기대했던 사회생활과 다르다면 어떤 점이 다른지, 궤도수정을 해가며 실전을 통해 확인해 보자.

(2) 채용 연계형 인턴십에 도전해 보자. 인턴 기간 후 정규직 전환을 위해 최선을 다한다.

(3) 졸업 전에 최소한 직무연관성이 있는 자격증은 취득한다.

(4) 자신의 포트폴리오를 작성하고 자신만의 차별화한 자기소개서를 작성, 관리하자. 자신의 성격이나 장단점, 지원 동기, 취업 후 어떻게 근무할지와 향후 포부 등을 모듈화해서 작성하고 관리하자. 자기소개서는 혼자 완성하지 말고 반드시 학교 내 취업지원관 등의 관련 전문가의 지도를 받는 것이 좋다.

(5) 면접은 반드시 실전면접 연습(Role Play)을 하자. 취업면접을 위한 복장, 헤어스타일, 자세, 시선처리, 손동작, 목소리의 톤 등에 대한 코디도 전문가의 자문을 받아 준비하자. 이런 것은 학교 취업지원관을 통해 받을 수 있다. 학교주관의 취업특강이나 취업캠프에 참여하여 지도받는 것이 좋다. 면접은 연습을 많이 할수록 마음이 편해져서 유리하다는 것을 잊지 말자.

(6) 기업 채용설명회, 각종 특강에 적극 참여하여 취업정보를 수집하고 분석한다. 목표 직무와 기업을 선정했다면 2학기부터 자신이 원하는 기업에 적극적으로 응모한다.

(7) 뚜렷한 목적과 이유가 없는 한 졸업유예, 휴학은 고려하지 않는 게 좋다. 부득이 할 수밖에 없다면 6개월~1년 이내에 마무리를 하는 것이 좋다.

(8) 시간의 중요성을 잊지 말자. 졸업 이후의 공백 기간을 갖지 않도록 가능한 졸업 전에 취업을 위한 준비를 완성하자.

졸업 후

근성과 자신감으로 될 때까지 도전하자

목표	추천 경험 및 활동	보조 활동

1) 선택한 진로설계 성취
2) 필요 직무역량 보완
및 확보
3) 포트폴리오 보완
	- 모교 주관 비교과 취업역량강화
	  프로그램, 컨설팅 프로그램 참여
	- 채용/창업 환경 파악(계속)
	- 자기소개서 클리닉, 면접 클리닉 참여
	- 고용노동부, 중기청 등 정부지원사업
	  취업지원프로그램 참여
		인맥을 통한
		진로모색
		(교수, 지인
		등)

(1) 자신이 목표한 대로 취업이 되지 않아도 기죽지 말고 성사될 때까지 적극적으로 도전하자. 모교의 자기소개서 클리닉, 면접 클리닉, 취업정보 제공 등의 다양한 지원제도를 적극 활용하는 것을 잊지 말자.

(2) 대기업, 공기업, 공무원 등 안정적인 직장만을 고집하기보다 발전가능성이 높은 강소기업이나 일을 통해 직무능력을 쌓을 수 있는 기업이라면 연봉이 낮더라도 눈높이를 낮춰 도전하여 자신만의 전문성을 쌓아 나가는 것이 좋다.

(3) 시간의 중요성을 잊지 말자. 진로목표는 시간 요소를 반영한 2~3개의 계획을 갖고 실행하자. 2월에 졸업한 미취업자라면 다음처럼 플랜을 세 단계로 세워서 실천하자.

Plan A : 대기업 이나 공기업 취업을 원한다면 상·하반기 공채 시험에 응모한다. 불가할 때는 대기업과 공기업은 깨끗이 잊고 Plan B 또는 바로 Plan C로 전환한다.

Plan B : 10월~11월까지는 중견기업이나 강소기업에 집중적으로 응모한다. 불가시 Plan C로 전환한다.

Plan C : 연말까지 중소기업에 취업하여 경력관리를 한다.

(4) 평생직장은 사라지고 있다. 대기업이나 공기업만 고집하지 말고 유망한 중소기업에서 자신이 추구하는 삶을 영위하며 경력을 쌓자. 경력은 동일 기업에서 1년 이상 근속했을 때 인정되며 보통 2~3년 이상의 경력을 쌓아야 인정받는다.

(5) 중소기업 취업의 타이밍을 잘 활용하자. 유망한 중소기업의 경우 3월이나 8월에 신입사원 채용공고를 내면 10~20명 정도의 지원자가 응모한다. 그런데 10월경에 신입사원 채용공고를 내면 지원자 숫자가 2~3배가 늘어난다. 대기업이나 공기업에서 탈락한 사람들이 눈높이를 낮춰 지원했기 때문이다. 따라서 중소기업이라고 쉽게 생각하지 말고 타이밍을 고려해야 한다.

(6) 전공과 무관하게 진로를 변경하여 IT분야 등 기술기반 직무로 취업하고자 한다면 고용노동부 지원 교육 프로그램을 활용하자. 또한 K-MOVE사업 등 해외취업 프로그램도 활용하면 좋다.

(7) 창업을 생각한다면 정부기관이나 지자체의 지원제도를 잘 살펴보고 최대한 활용하자. 창조경제혁신센터, 중소벤처기업부, 고용노동부 등에서 지원하는 사업을 최대한 활용하는 것이 좋다.

인턴, 실전을 연습하는 장으로 활용하자

"아침에 양복을 입고 넥타이를 맨 채 혼잡스러운 지하철을 타고 삼성동 역삼동에서 인파에 휩쓸려 내리는 경험이 묘합니다."

"인턴을 하는 회사의 건물에 들어서면서 아침인사를 서로 나누는 모습과 퇴근하면서 회사 직원들과 회식을 하는 모습에서 제가 이 사회의 구성원이 된 것이라 생각하니 뿌듯합니다."

"주말을 보내고 월요일에 출근하는데도 그렇게 힘들지 않은 것은 제가 역동적으로 활동하고 있다는 것 아닌가 합니다."

내가 지도하는 학생들의 인턴실습 소감이다. 인턴 실습을 할 때 가능한 맡은 부서의 업무에서 개선할 점을 찾도록 노력하면 좋은 기회가 온다.

한 학생이 화장품회사 인턴 실습을 하면서 회사의 청소하는 직원들의 휴게공간을 좀 더 편하게 해 주기 위한 개선안을 제안하여 채택이 된 경우가 있다. 2달 정도 기간의 인턴생활이지만 그로 인해 정규직으로 채용되는 기회를 얻었다. 단순히 인턴을 경험으로만 여길 것이 아니라 그 업무에 깊이 관여하면서 자기만의 색깔을 담아낸다면 좋은 결과를 얻을 수 있다.

사회진출에 앞서 가능한 많은 인턴 실습이나 단기간의 현장 실습으로 적극적인 사회경험을 해보는 건 좋은 선택이다. 대학생으로서 인턴 활동을 하면서 겪은 사회에 대한 첫인상은 평생 남는다.

인턴을 사회 생활의 실전을 연습하는 장으로 활용하자.

대학생으로 해볼 만한 경험을 탐색하라

"몰라서 못했어요. 그런 게 있었나요?"

학생들과 상담하다 보면 이런 말을 들을 때가 많다.

"처음 알았어요."

"아, 그랬어요?"

고학년 학생일수록 안쓰럽기만 하다. 평소에 학과나 학교 홈페이지, 학생취업처 게시판 등을 주의 깊게 살펴보고 친구, 선배들과 활발한 정보교류를 해나가는 것이 좋다.

인턴, 현장실습 외에도 청년대학생들이 할 수 있는 경험은 무수히 많다. 전공학과 내에서 할 수 있는 것과 학과와는 별개로 학교 내에서 할 수 있는 것이 있고, 활동무대를 학교 밖으로 나가거나 더 나아가 해외로 넓히는 경험도 할 수 있다.

대학생으로 해볼 수 있는 활동 경험

학과
- 전공공부(학점,자격증)
- LAB활동
- 전공관련 학회활동
- Capstone디자인

학교
- 응합전공 등등 多 전공
- 동아리활동
- 학생회 활동
- 교내 공모전
- 컨설팅프로그램
- 각종 캠프
- 각종 특강
- 기자 활동
- 봉사활동

국내
- 인턴
- 현장실습
- 공모전
- 경진대회
- 연합동아리
- 아르바이트
- 국고사업 참여
- 국내외 여행

해외
- 해외인턴
- 교환학생
- 어학연수
- 해외캠프
- 해외연수
- Working Holiday
- 해외봉사활동
- 해외(배낭)여행

다양한 경험 및 에너지 확대

● 현장실습

학교주관으로 3~4학년 학생들을 대상으로 대학에서 배운 이론을 기초로 전공과 관련된 산업 현장에서 실무를 경험하고 이를 통해 진로설정 및 역량 개발을 지원하는 프로그램이다.

계절제(방학기간을 이용한 4주와 8주 과정)와 학기제(학기 중 4주~15주 과정)가 있다. 학교마다 차이가 있지만 통상 최소 2학점에서 15학점까지 부여된다.

학생들이 사회진출에 앞서 회사생활을 경험하거나 직무경험을 할 수 있는 좋은 기회다.

2017년부터 교육부에서 '실습학기제'로 공식명칭을 변경하여 일반적으로 '현장실습'과 '실습학기제' 표현이 혼용되어 사용되고 있다

좋은 점은 기업현장에서 직무경험을 해봄으로서 진로설정을 하거나 진로설정을 검증하는데 활용할 수 있다. 단기간이지만 사회경험으로 현장지식 및 적응능력을 향상할 수 있다.

취업활동 시 실습내용에 따라서는 차별화 요소로서 자기소개서 작성 소재로 활용할 수 있으며 직무경험 활동으로 자신의 보유 역량을 입증하는데 활용할 수 있다.

● 인턴

현장실습과 유사하나 기업이 주관한다. 방학 기간이나 학기 중에 전공과 관련 있는 회사에서 일정의 보수를 받고 실습 수준이 아닌 회사규정을 준수하며 근무한다.

정규직 채용과 별개로 운영하지만 기업에 따라서는 채용연계형으로 진행하기도 한다. 채용연계형의 경우 인턴근무 중 성과가 우수한 학생은 정규직원으로 채용한다.

좋은 점은 현장실습과 유사하지만 직무경험의 수준이 더 높으며 경력 개발에도 활용 가능하다.

기업에 따라서는 취업 연결이 가능하다(채용연계형). 일반적으로 자신의 취업경쟁력 강화에 도움이 되며, 자기소개서의 소재로 활용하면 좋다.

● 캡스톤디자인(capstone design)

학생들의 문제해결 능력을 길러주기 위해 대학에서 배운 이론을 바탕으로 창의적인 과제를 기획, 설계, 제작하는 창의적 종합설계의 전 과정을 팀워크(Team work) 활동을 통해 수행한다.

원래는 이공계 학생 대상으로만 실시됐다. 최근에는 대학별로 차이는 있으나 경상대, 인문사회계열 등 문과 학생들에게 확산되는 추세다

좋은 점은 전공 관련 프로젝트를 수행하는 팀활동으로 동료들과의 협업경험을 할 수 있다. 프로젝트의 성공이나 실패 여부와 관계없이 처음부터 끝까지 완성해본 프로젝트로서 자신의 경험과 역량을 입증할 수 있는 소재로 쓸 수 있다. 전공관련 산출물을 만들어내는 프로젝트의 수행경험으로 어필할 수 있다.

● LAB 활동

이공계학과 교수가 전공 주제별로 주도하는 학교 학과 내 연구활동으로 자유로운 분위기에서 전공분야의 깊이 있는 연구활동을 수행할 수 있다.

LAB에 따라 1학년은 받지 않는 경우도 있으며 대학원 진학예정자 중심으로 선별해서 받는 경우도 있지만 연구에 관심이 많은 학생은 꼭 도전해 볼 만한 활동이다.

취업을 희망하는 학생이라면 정규 교과목의 시간적 제한으로 접하기 어려운 전공분야를 체계적으로 심도 깊게 배울 수 있는 기회

로 활용할 수 있다.

　좋은 점은 선배와 많은 대화를 통해 효율적인 학습과 연구가 가능하다. 전공과목 이수만으로는 부족한 전공 지식을 깊이 있게 학습할 수 있다.

　지도교수에 따라 차이가 있지만 학회참가 등 다양한 경험의 기회를 가질 수 있다.

　공모전 참가 등 새로운 시도를 할 때 LAB실 동료들과 협력하여 수월하게 추진할 수 있다.

● 공모전

　교내 또는 교외 단체(기업, 지자체, 협회 등) 주관으로 학생 또는 일반인에게 특정한 주제의 아이디어, 제안, 기획 등을 심사해 상금 및 각종 특전을 제공하는 콘테스트의 일종이다.

　마케팅, 광고, 디자인 등을 비롯해 이공계 기술분야 등 다양한 분야로 확대되어 대중화되고 있다. 공모전을 주관하는 기관에 따라서는 입사지원 시 가산점 또는 인턴십 기회를 부여하는 등 취업과 직접적으로 연관있는 기관들이 많기 때문에 관심 있는 분야의 공모전에 대한 정보수집을 미리 해두면 좋다.

좋은 점은 참신한 아이디어를 도출해 내는 작업을 통해 실무를 간접적으로 경험해 볼 수 있고, 자신의 역량검증의 기회가 된다.

경우에 따라서는 스토리가 있는 자기소개서의 좋은 소재로 기업으로부터 취업의 특전을 받는 등 취업에 도움을 얻을 수 있다.

● 취·창업 캠프

학교 또는 외부단체 주관으로 학교 외부에서 학생들을 대상으로 1박2일 등의 일정으로 시행하는 특별지도 활동이다. 학생들의 취업역량강화 목적으로 자기소개서 작성법과 면접스킬 지도 및 직무면접, 프레젠테이션면접, 토론면접, 인성면접 등 다양한 종류의 모의면접 실습지도를 하는 취업캠프가 있다. 이밖에 학생들에게 창업 프로세스를 경험하고 창업을 위한 사업계획서를 작성해 보게 하는 창업관련 특강, 실습 등을 지도하는 창업캠프 등이 있다.

좋은 점은 전문가로부터 단기간에 적재적소로 취업 또는 창업 등에 필요한 도움을 받을 수 있다. 창의력 향상 프로그램의 경우 아이디어를 구체화하고 문제를 개선할 수 있어 개인의 역량 개발이 가능하다

● 학생기자 활동

소속학과, 전공과 별개로 학교 내 또는 지역 단체의 신문, 잡지 또는 방송의 학생기자로서 취재와 보도기사를 작성하는 기자 활동을 수행한다.

좋은 점은 취재과정에서 각계각층의 사람들을 만나 풍부한 경험을 쌓을 수 있다. 다양한 사람과 인터뷰 등 취재활동을 하는 과정에서 폭넓은 시야와 생각의 폭을 넓힐 수 있고, 약한 관계지만 인맥을 쌓을 수 있다. 활동적인 대학생활로 자기소개서의 소재로 활용 가능하다.

● 봉사활동

국가나 사회 또는 남을 위하여 자신의 육체적 활동이나 재능 등을 이용한 기부활동을 의미한다. 사회소외계층 등을 대상으로 하는 노력봉사 등 다양한 활동이 있다. 국내뿐만 아니라 해외 의료봉사, 교육봉사, 저개발 국가의 봉사활동 등도 있다

좋은 점은 내가 자라온 환경이 얼마나 풍족한가를 깨닫는 계기가

되고 감사하는 마음을 갖게 된다. 장기적으로 꾸준히 수행한 봉사활동은 자신의 성실성과 가치관 등을 입증하는 소재가 되기도 한다.

● 아르바이트

사전적 의미로는 '본래의 직업이 아닌, 임시로 하는 일'로 학생이 여가시간을 이용하여 경제적 재화를 목적으로 하는 활동이다.

좋은 점은 경제적인 도움과 사회경험을 할 수 있으며, 전공 관련이나 직무를 경험할 수 있는 일일 때 자신만의 스토리를 만들 수 있는 소재로 활용할 수 있다.

힘든 일이나 1년 이상 장기간 실행한 경우 성실함, 끈기의 실증경험이 될 수 있어 자기소개서 소재로 활용할 수 있다.

● 동아리 활동

전공과 별개로 공통의 취미나 관심사를 가진 사람들이 모여 학교 내 또는 학교 외에서 하는 단체활동이다. 인문학, 운동, 음악 등 다양한 분야에 걸쳐 교내뿐만 아니라 지역 연합동아리 등 다양한 동아리가 많다.

좋은 점은 공통 관심사를 가진 다양한 사람들과의 교류를 통한 인맥을 확대할 수 있다. 다른 학과, 다른 대학의 학생들은 어떤 생각을 하고 있는지 알아가며 서로를 이해하는 기회가 된다. 연합동아리의 경우 시야를 넓힐 수 있으며, 창업동아리는 문제해결 능력과 창의력 향상에 초점을 두게 되므로 창업으로 연결이 되지 않아도 좋은 경험이 된다.

● 해외 교환학생

학교 주관으로 해외 대학과 제휴하여 상호간에 학생을 일정 기간 교환, 파견하여 상대 학교에서 현지 어학을 배울 수 있다. 이문화 경험은 물론 이수한 과목은 학점으로 인정해 주는 제도다.

좋은 점은 해외생활을 통한 글로벌마인드 및 외국어 능력 함양을 할 수 있다. 해외 외국인 친구 등 인맥 형성이 가능하다. 해외생활을 하며 학점을 인정받을 수 있다.

● 워킹 홀리데이

청년(만 18세~30세)들에게 상대 국가에서 최대 1년 동안 체류하면서 여행, 취업, 어학연수 등을 병행하며 현지의 문화와 생활을 경험할 수 있도록 국가간 협정한 제도다. 우리나라는 현재 호주, 캐나다, 뉴질랜드, 일본, 프랑스, 독일, 아일랜드, 홍콩, 대만, 스웨덴, 체코 등 22개 국가 및 지역과 워킹홀리데이 협정을 맺고 있다.

해외에서 단기간 합법적인 취업을 통해 여행비용을 스스로 조달하면서 다양한 경험과 지식을 쌓는 기회가 되지만 목적을 어학, 해외생활, 업무경험 중 무엇으로 할지 명확히 하고 임하는 게 좋다. 워킹홀리데이에 참가를 위해서는 해당 대사관 또는 이민국에 워킹홀리데이 비자를 신청해야 한다.

좋은 점은 장기간 현지 문화 경험을 통해 견문을 넓힐 수 있으며, 학생비자와는 달리 여러 도시에서 그 나라의 생활을 체험할 수 있다. 현지 아르바이트 또는 취업을 통한 여행경비 조달은 물론 경력을 쌓을 수 있다. 해외생활을 통한 글로벌 마인드 및 외국어 능력 향상과 문화를 익힐 수 있다.

● 국내외 여행

친구들과 함께 방학을 이용하여 국내외 여행계획을 세우고 실행하며 다른 문화 속에서 많은 경험을 해보자. 홀로 여행할 수도 있지만 가급적 친구들과 함께 여행경험을 통해 팀워크 활동을 병행하는 경험이 되면 더욱 좋다.

좋은 점은 친구들과 새로운 세상, 이문화 경험을 통한 많은 생각의 기회를 가지면서 견문을 넓힐 수 있다. 여행계획을 세우고, 실행하고 팀워크를 이루며 돌발상황에 대처해 나가는 등의 경험을 해 보고, 여행 후 감흥을 정리해 본다면 더욱 성숙해질 수 있다.

⊱ 직장의 속성을 알고 사회에 나가자

"직장은 100-1=0이 될 수 있는 곳이다."

학교에서는 모든 과정이 계획적이고 기초부터 순차적으로 전개된다. 그리고 과정평가로 레포트, 과제물 제출 및 발표, 공동 팀워크, 시험(중간고사, 기말고사) 등을 통해 합리적으로 평가 받는다. 모든 게 합리적으로 '100-1=99'로 기록된다.

직장에는 독자적인 평가제도가 있어 조직과 개인의 역할과 책임(R&R : Role and Responsibility) 및 핵심성과지표(KPI : Key Performance Indicator)를 정해 놓고 이를 기준으로 상대 또는 절대 평가를 한다. 1년에 한번 또는 상·하반기 업무평가를 한다. 그 결과로 보너스가 지급되기도 하고 승진여부가 가려지기도 한다.

그런데 이런 과정이 반드시 합리적이지만은 않다. 모든 일들이 동시다발로 랜덤하게 발생할 수 있고, '100-1=0'이 될 수도 있다. 단 한 번의 실수로 오랜 기간 공들여 온 일이 보람없이 무너지기도 한다.

학교에서는 수업시간표나 과목을 내가 선택하여 작성하지만, 직장에서는 조직의 장이나 상사로부터 지시를 받아 업무를 수행하는데 학교에서처럼 선택할 수 있는 폭이 넓지 않다. 상사가 아무리 불합리한 지시를 해도 일단은 수긍해야 한다.

대학교에서는 교수로부터 배우고 레포트나 시험으로 평가 받는다. 하지만 직장에서는 상사가 나에 대한 인사고과권과 업무결과에 대한 의사결정권, 그리고 내가 사용할 수 있는 예산권을 갖고 있어서 상사에게 맞추지 않으면 직장생활이 힘들어질 뿐만 아니라 발전가능성이 없어질 수 있다.

직장에서는 조직이 본인에게 기대하는 바가 무엇인지 알아야 한다. 회사가 신입사원이나 기존 2~3년차 사원에게 요구하는 것과 대리, 과장, 부장이 되었을 때 요구하는 역할은 다르다. 신입사원이라면 업무수행 못지않게 조직분위기를 신선하고 활기차게 만드는 활력소 역할도 할 줄 알아야 한다. 입사 초기에는 비정상적일 정도로 큰소리로 인사하고 활기차게 행동하는 것이 좋다. 이런 모습을 비난하거나 야단칠 부서장이나 선배들은 없다.

매일 아침 아프리카에선 가젤이 눈을 뜬다.
그는 사자보다 더 빨리 달리지 않으면 죽으리라는 것을 안다.
매일 아침 사자 또한 눈을 뜬다.
사자는 가장 느리게 달리는 가젤보다
빨리 달리지 않으면 굶어 죽으리라는 것을 안다.
당신이 사자이건 가젤이건 상관없이
아침에 눈을 뜨면 당신은 질주해야 한다.

미국의 보스톤컨설팅 그룹이 보고서에 인용하면서 널리 알려진 아프리카 속담의 '가젤과 사자' 이야기다. 가젤이나 사자나 살기 위해 전력을 다해 뛰어야 한다.

이것은 우리의 삶도 크게 다르지 않다. 가젤과 함께 달리고 사자와 함께 먹는 삶을 항상 염두에 두어야 한다.

[대학생활과 사회생활의 차이점]

구분	대학생활	사회생활	비고
자기증명	학생증, 학년	명함, 직책	
경제여건	돈을 쓴다	돈을 번다. 돈을 받으며 직무경험을 한다	재테크, 세테크 필요
평가방법	출석, 시험, 레포트, 실기, 발표	업무수행 성과, 역량 (문제해결능력 등)	년 1회 또는 2회
평가결과	성적(학점)	고과 (업무성과 / 역량 평가 등급)	불공정 상존. 연봉과 승진에 직결
관리대상	시간표, 출석, 과제, 노트 필기	R&R, KPI, 근태, 업무일정 (납기), 수명사항	품질은 생명, 납기는 자존심
인간관계	교우, 선후배, 스승 스스로 선택	동료, 상사, 부하, 거래선/고객 주어진 관계	상사는 선택 못함 고객과 함께 성장
일의 진행	순차진행, 체계적, 합리적 진행 추구	병렬 / 랜덤 진행, 비합리 상존	효율성, 효과성
시간 관리	자율적 시간관리 수업시간표	조직의 규정, 관행 준수	동시다발적인 일 대응
일 관리	하고 싶은 일을 선택 (공부, 취미, 아르바이트, 동호회, 여행 등)	해야 할 일 찾기 주어진 업무수행	일이 없으면 경제난 봉착!
일에 대한 자율성	하고 싶은 걸 할 수 있다	하고 싶어도 못하고, 하기 싫어도 해야 하는 게 많다	할 수 있을 때 해봐라
생활	자율	타율 (직장, 가정, 공동체 등)	
동경의 대상	직장인이 부럽다	학생이 부럽다	10년만 젊었으면…
인생설계	꿈을 꾸고 설계한다	꿈을 깨고 현실 적용한다	100세 시대 준비

✗ 창업을 꿈꾸는 청춘에게

● 취업이 안 된다고 창업하지 말자

"직장은 누구나 언젠가는 떠나야 하는 곳이다."

직장은 충분하지는 않지만 고정수익을 제공해준다. 안정적 울타리로 바람막이가 되어 주지만 언제까지나 자신을 책임지고 보호해 주지는 않는다. 직장은 언젠가는 떠나야 하는 곳이다. 그래도 졸업을 앞둔 대학생들은 대부분 취업을 선택한다.

평생직장은 사라진 지 오래다. 평생직업도 사라져 가고 있다. 평생 3~4개의 직업을 갖는 게 보편화될 것이다. 60세에 정년퇴직을 해도 10~20년은 또 다른 생업에 종사해야 한다.

지금 청년대학생들은 졸업 후 취업을 하더라도 은퇴 후 재테크, 또는 창업에 신경을 써야 한다. 그 동안 저축한 돈과 연금만으로 여생을 보내기에는 삶이 너무 팍팍하다.

따라서 100세 시대를 맞아 직장생활을 하더라도 안주하려는 태도보다 자신의 경쟁력을 갖추는 것이 중요하다. 직장생활을 하면서 끊임없이 자신을 완성해 나가야 한다.

시간의 차이만 있을 뿐 언제 떠나야 할지 모르는 직장에 안주하기보다 재취업, 또는 창업에 나설 수 있는 자신만의 차별화된 경쟁력을 확보해야 한다.

취업이 안 된다고 자의 반 타의 반으로 하는 창업은 말리고 싶다. 초기에 큰 자금을 투입하는 창업 또한 마찬가지다. 정부나 학교의 다양한 창업지원 제도를 활용하여 아이디어, 열정, 노력 등을 근간으로 사업계획서를 작성하고, 현실화 시켜가는 과정을 통한 창업 프로세스 경험은 적극 추천한다.

취업을 하면 조직에서 주어진 직무를 수행하며 소기의 성과를 내면 된다. 하지만 창업은 나에게 주어진 일이라는 고유한 업무가 없다. 하나부터 열까지 모든 일을 스스로 하며 법적, 도덕적 모든 책임까지 져야 한다.

시오노 나나미의 『로마인 이야기』를 살펴보자. 오랜 내전 끝에 팍스 로마나 시대를 연 아우구스투스가 균형감각을 발휘하여 로마의 효율적인 국가운영과 평화 확립을 서술한 부분에 이런 표현이 나온다.

"균형감각이란 서로 모순되는 양극단의 중간지점에 자리 잡는 것이 아니다. 양극단 사이를 되풀이하여 오가기도 하고, 때로는 한쪽 극단에 가까이 접근하기도 하면서 문제해결에 가장 적합한 최적점을 찾아내는 끊임없이 탐색해 나가는 영원한 이동행위이다."

균형감각이란 양극단을 끊임없이 오가며 양측의 장점과 단점을 완벽하게 파악한 다음에 제일 적합한 균형점을 찾으려는 행위다.

취업을 할지, 창업을 할지에 대한 균형감각을 갖기 위해서는, 대학시절에 직간접적인 경험을 통해 취업과 창업 양쪽의 장단점을 이해하고 파악할 수 있어야 한다.

● 나라나 왕조를 세우는 게 창업이라고?

"창업 세계의 냉혹한 현실을 직시하자."

'나라나 왕조를 처음으로 세움, 또는 사업 따위를 처음으로 이루어 시작함'이라는 창업의 사전적 의미가 먼저 사람의 기를 죽인다.

하지만 명심하자. 우리가 말하는 창업은 보통 영리를 목적으로 하는 법인을 세운다는 뜻이다. 프랜차이즈의 작은 대리점을 시작하는 것도 창업이다.

정부에서는 전국에 17개 창조경제혁신센터를 설치하여 스타트업 기업을 지원하고 있다.

국립한밭대학교 정보통신공학과 2학년 채유철(24세) 학생의 꿈은 복지재단을 설립 운영하는 것이다. 어린 시절 가난했지만 정부 제도의 불합리성으로 복지혜택을 받지 못하는 피해를 경험했기에 창업을 통해 돈을 벌어 가난한 사람, 억울한 사람, 사회적 소외계층을 돕는 재단을 운영하겠다는 것이다.

그는 가난한 집안사정으로 어린 시절 컴퓨터를 쓰기 위해 친구 집이나 동사무소를 찾아 키보드를 두드리며 친구들보다 컴퓨터를 더 잘 다룰 수 있는 실력을 쌓았다. 부모님의 반대를 무릅쓰고 본인 의지로 공업고등학교에 진학해서 줄곧 1등으로 정보통신 부문의 실력을 쌓았다. 졸업할 무렵에 현장실습 나갔던 업체에 취직을 했다. 하지만 생산관련 단순 반복 작업이 자신의 미래를 책임져 주지 못한다는 것을 알고 바로 퇴사했다.

그리고 한밭대학교 정보통신공학과에 입학했다. 소프트웨어 개발뿐 아니라 하드웨어 개발, 제작도 병행하고픈 생각으로 전공을 선택한 것이다.

그는 대학 입학 후 바로 창업동아리에 가입했다. 학업과 창업동아리 활동을 병행하며 시간이 부족해 아르바이트를 할 수 없어 경제적인 어려움을 느껴야 했다. 하지만 그는 굴하지 않고 다양한 아이디어로 창업 아이템을 개발했다. 'My name is'라는 명함 어플과 아픈 증세를 검색하는 '굿닥터'라는 어플을 개발했지만 수익모델을 개발하지 못하고 경진대회에서 탈락했다. 그리고 1학년을 마치고 군대에 입대했다.

군대에서 전산병으로 소프트웨어 개발을 수행하며 정보처리산업 기사, 정보기기운용산업기사, 전자기기 기능사 자격을 획득하고 제대했다. 군 생활 중 '굿닥터' 어플 아이디어와 유사한 아이템 '굿닥'의 성공사례를 접했다. 이를 통해 경진대회에서 탈락하거나 수익모델을 찾지 못했다고 포기할 게 아니라는 교훈을 얻었다.

그는 제대 후 복학하지 않고 1년 넘게 서울 용산, 대구, 청주, 공주 등을 다니며 컴퓨터 조립판매, 부품판매 업체를 대상으로 아르바이트를 했다. 지역별 업체별 가격, 부품 조달방법, 판매방법이 다른 현장을 확인했다. 그리고 고객의 요구에 많은 시간을 들여 견적제공 등 대응을 하고도 대다수 고객이 신뢰도 등의 문제로 구매로 연결되지 못하는 기업의 어려움을 알았다. 시장 현장에서 판매자와 소비자 간의 거래 모습을 정확히 관찰하며 현장에서 발생하는 갈등에 착안하여 창업 아이템을 발굴했다.

그는 대학에 복학 후 곧바로 학교 내 창업 지원 제도를 알아보고 자문 받을 수 있는 전문가를 찾아 멘토 지도를 받으며 창업을 준비했다.

창업동아리 〈ITIS(IT+artISt)〉를 만들어 시제품과 쇼핑몰 제작비 600여만 원을 지원 받아 10월 맞춤형 컴퓨터 및 부품 인터넷 쇼핑몰 〈컴핏(comfit.computer)〉을 창업했다. 창업 후 대전 테크노파크 '일자리 창출비즈니스 모델사업'으로 선정되어 경제적으로 많은 지원을 받았다. 직원 5명의 스타트업 CEO로 창업 아이디어를 실현해 가고 있다.

이와 별도로 〈클린&클린〉이란 공생 세탁 중계업을 창안하여 대전지역에 본점 외에 6개 가맹점을 오픈했다.

이에 만족하지 않고 학교에서 〈2all〉이란 창업동아리를 만들어 친구들과 '스마트 도어락'을 개발하며 사업화를 모색 중이다. 비록 24세의 2학년 학생이지만 더 큰 꿈을 갖고 지칠 줄 모르는 열정으로 제3의 창업을 꿈꾸고 있다.

● 창업 프로세스를 경험하자

"창업의 핵심은 창의성이며 창의성 향상을 위해 다양한 문화가 중요하다. 조직에서 말하지 않고 비판하지 못하게 하는 문화는 창의력을 죽이는 길이다."

- 핀란드 알토대학교 칼레비 에크만 교수

우리는 디자인 팩토리를 만든 에크만 교수의 말에 귀를 기울일 필요가 있다. 세계 각국의 대학에서는 창업강좌를 개설하고 기업가정신을 가르치며 창업동기를 부여하는데 노력하고 있다.

핀란드는 노키아가 2013년에 휴대전화 부문을 마이크로소프트에 매각하면서 그 동안 쌓아온 정보통신기술을 기업의 수익으로 연결하지 못하는 딜레마를 안게 되었다. 이런 딜레마에서 벗어나기 위해 대학에서는 휴대전화 기술자를 중심으로 창업교육을 통해 스타트업 기업을 만들어 정보통신기술을 기업의 수익으로 연결하는 방안을 모색했다.

핀란드의 알토대학은 디자인 팩토리(Design Factory)라는 융합강좌로 유명하다. 디자인 팩토리는 공학, 디자인, 경영 등의 다양한 전공의 학생들이 제품 및 디자인 개발, 그리고 경영 등을 함께 경험하도록 하는 융합강좌다. 여기에서 기업이나 자치단체가 제안한 제품을 개발하기도 한다. 환경오염 등과 같은 다양한 사회 문제를 해결하는 아이디어도 고안해 내면서 그 결과물로 창업을 하는 학생들이 늘어나고 있다.

요즘 많은 대학들이 창업동아리를 통하여 창업에 관심 있는 학생들에게 창업프로세스를 경험하는 기회를 제공하고 있다.

경영학부의 김탄휴 군과 임산생명공학부의 신종환 군은 이미 사용한 테이크아웃컵을 이용하여 어항이나 화분으로 만들어 환경·생태 교육을 하는 마이리틀유니버스(이하 '마리유')라는 스타트업을 창업했다.

마리유는 국민대학교 창업 동아리로 선정되어 창업보육센터 입주, 사회적기업가 육성사업지원 등 지원을 받으면서 사업을 시작했고, 전국을 순회하며 환경·생태 교육을 진행하고 있다. 또한 창업선도대학 지원사업에 선정되어 인건비와 4대 보험비의 일부를 지원 받으면서 안정적으로 회사를 유지하게 하는 원동력이 되었다. 학교 동아리에서 시작한 스타트업이 지원을 받으며 가장 중요한 자금 문제를 해결했다. 또한 사업의 필수인 회계, 노무, 마케팅, 유통 등에 대한 멘토링과 교육을 시켜주는 프로세스를 통해 초기 창업에 큰 도움을 받았다.

요즘 이러한 지원은 잘 활용만 하면 다양한 형태로 받을 수 있다. 자신의 사업에 맞는 지원 사업을 찾아 잘 활용한다면 정말 큰 도움을 받을 수 있다.

창업 동아리 활동 등을 통해 창업프로세스를 풍부하게 경험해 보자.

Tip. 대학생활 이것만은 꼭!

대학입시를 위해 준비했던 포트폴리오나 자기소개서, 면접 등
의 입시경험을 지속적으로 취업준비에 연결해 나가자.
효과적인 대학생활을 위해 각 학년별로 구체적인 목표를 세우
고 관리해 나가자. 학년별 포트폴리오를 개인별 처지나 상황에
맞게 실천 적용해 보자.
평소에 학과나 학교 홈페이지, 학생처 게시판 등을 주의 깊게
살펴보고 친구, 선배들과 활발한 정보교류를 하면서 대학생활
에서 할 수 있는 모든 일에 관심을 갖고 자기주도적으로 다양
한 경험을 쌓아 나가자.

대학생활 중 꼭 챙겨야 할 Big3 키워드

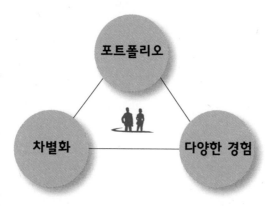

10강

행동하는 대학생활

CEO가 회사를 경영하듯 나를 경영하자

- 목표와 주관이 뚜렷하고 열정적이다

- 일찍 출근해서 하루를 계획한다

- 헬스와 절주, 절식으로 건강을 관리한다

- 많은 책을 읽고 다양한 사람들과 소통을 즐긴다

- "Why?" 로 대화를 시작한다

- 최신 트렌드에 민감하게 반응한다

- 숲을 보고 나무를 본다

- 사람의 마음을 움직여 일하게 한다

우리가 경험한 성공한 CEO의 공통적인 특징이다. 청년대학생이 평소에 체질화 시켜야 할 좋은 덕목이기도 하다.

"주인과 직원의 차이를 아는가?"

직원은 시키는 일과 편한 일을 우선으로 하고 보상이 없는 일은 나중에 처리한다. 주인은 직원이 무슨 일을 하는지도 알고 모든 책임을 진다. 주인과 직원은 일하는 자세도 다르고 얻어가는 보상도 다르다.

CEO가 회사를 운영하는데 자기 마음대로 한다고 생각하는가? 절대 그렇지 않다. 잘 나가는 기업의 CEO일수록 가장 많이 고민하고 자기 뜻대로 하고 싶은 것을 가장 많이 접는 사람이다.

CEO는 주어진 자원, 즉 자금, 사람, 시설, 시간 등을 어떻게 효율적으로 운영하여 최상의 경영성과를 거둬들일지에 대해 늘 고민한다. 자고 싶다고 마음대로 잠자지 못하며, 놀고 싶다고 마음대로 놀지 못한다. 그렇게 마음대로 하다간 어느 한 순간 모든 것을 잃을 수 있다는 것을 잘 알기 때문이다.

나를 경영할 때도 CEO가 회사를 경영하는 것처럼 해야 한다. 나에게 주어진 시간 등을 어떻게 효율적으로 운영하여 최상의 성과를 거둬들일지 고민해야 한다. 자고 싶다고 자고, 놀고 싶다고 놀다간 어느 한 순간 실패한 자기 경영의 대가를 혹독히 치르게 된다는 것을 분명히 명심해야 한다.

우리는 좋은 CEO의 특징을 청년대학생들이 평소에 체질화시키기 위해 다음과 같이 행동했으면 하는 바람을 담아본다.

- 목표를 세우고 자주 되새기자

- 일찍 일어나서 하루를 계획하고 점검하자

- 적절한 운동으로 건강을 관리하자

- 많은 책을 읽고 다양한 사람들과 소통을 즐기자

- 중요한 일은 세 번 "Why?"로 점검하자

- 최신 트렌드에 관심을 갖고 체험하자

- 중요한 일을 중심으로 시간을 관리하자

- 상대방의 마음을 헤아리는 습관을 들이자

관점의 전환으로 경쟁력을 찾아라

'매장'을 물건을 파는 곳(賣場)으로 볼 것인가? 물건을 사는 곳(買場)으로 볼 것인가?

스마트폰은 휴대폰에 컴퓨터 기능을 탑재한 것인가? 컴퓨터에 휴대폰 기능을 탑재한 것인가?

카페는 커피를 파는 곳인가? 장소를 파는 곳인가?

어디에 관점을 두느냐에 따라 비즈니스나 판매전략이 달라진다.

매장을 '물건을 사는 곳'으로 보면 편리하고 안락한 매장 분위기를 연출해서 물건을 사려는 사람들의 발길을 끄는 전략에 초점을 맞추게 된다. 구매자의 니즈를 파악해서 거기에 맞추려 노력한다. 구매자가 싼 가격을 우선으로 여기는지, 가격은 비싸더라도 상품의 가치를 중요하게 여기는지, 디자인이 좋은 물건을 찾는지, 가성비가 좋은 물건을 찾는지, 구매자의 니즈를 파악하고 거기에 맞추는 전략을 세우게 된다.

반대로 매장을 '물건을 파는 곳'으로 보면 팔릴 만한 상품을 다양하게 갖다 놓으려 한다. '사는 사람'의 입장보다 파는 사람의 입장에서 어떻게든지 좋은 물건만 갖다 놓으면 잘 팔릴 것이라고 생각한다. '사는 사람'이 원하는 것에 초점을 맞추기보다 자신이 팔려고 하는 물건의 좋은 점만 부각시키려 든다.

똑같은 매장이라도 매장을 어느 관점에서 보느냐에 따라 매출이 달라질 수밖에 없다.

취업시장도 마찬가지다. 취업시장을 구직의 관점에서 보느냐, 구인의 관점에서 보느냐에 따라 준비사항과 결과는 확연히 달라진다. 취업준비생이라면 취업하고자 하는 기업의 경영이념, 사업내용, 사업장 정보, 인재상 등을 자세히 조사하고 분석해 보면서 기업의 입장을 파악할 필요가 있다. 취업을 잘 하려면 구직하는 자신의 관점이 아닌 구인하는 기업의 관점에 맞춰 거기에 맞게 대응해야 한다.

명심하라.
관점의 전환은 일상에서 이뤄져야 한다.
관점의 전환으로 경쟁력을 갖춰라.

✎ SNS, 현명하게 활용하라

"나의 브랜드 경쟁력은 무엇일까?"

요즘은 많은 돈을 들이지 않아도 마케팅 효과를 얻을 수 있는 시대다. SNS의 발달로 누구나 1인 미디어를 이용한 마케팅을 할 수 있다. 따라서 대기업이든 중소기업이든, 단체든 개인이든 독창적인 아이디어만 있으면 사회적 관심에 의해 어느 날 갑자기 유명세를 얻을 수 있는 시대다.

요즘은 퍼스널 브랜드(Personal Brand)시대다. 책쓰기, 유튜브, 페이스북, 인스타그램, 블로그 등이 활동무대다. 내용도 남녀노소를 대상으로 한 먹방, 요리, 여행, 운동, 놀이 등 다양하다.

페이스북에서 '위클리아이스하키뉴스'를 운영하는 정빈의료재단 이환규 이사의 이야기다. 아이스하키 선수와 지도자 출신으로 아이스하키를 사랑하고 좋아하는 분이다. 국내 아이스하키 저변확대를 위해 인터넷 신문발행을 준비하다 운영상 필요한 절차 등으로 망설이다 페이스북 계정으로 소식을 전하기 시작했다. 국내 아이스하키 분야 기사와 사진 등을 뉴스나 칼럼 형태로 게시하면서 한때 하루 접속자가 4천 명을 넘었고, 지금도 꾸준한 접속자 수를 보이며 뜻밖의 성과를 거두었다. 당초 계획했던 인터넷 신문발행 이상의 효과를 거둔 것이다. 자신의 노력만으로 페이스북이라는 SNS 플랫폼을 이용하여 퍼스널 브랜드에 성공한 사례다.

정보통신공학과 3학년 여학생이 특별한 목적 없이 동영상을 제작하여 유튜브에 올렸는데 월 10~20만 원의 수입이 생기기 시작했다. 학생은 작지만 일정 규모의 수익이 생기자 동영상 제작에 심혈을 기울였다. 그리고 네이버로 옮겨 동영상으로 월평균 200만 원 이상의 수익을 올렸다. 1인 미디어 시대의 장점을 십분 활용하고 있는 사례다.

SNS는 예기치 못한 현상을 발생시키기도 한다. 신입사원을 채용하는 과정에서 지원자의 페이스북의 활동이력을 살펴보고는 탈락시켜 당사자를 당혹케 함은 물론 뉴스를 접한 사람들에게 SNS의 위력을 실감케 한 기업도 있다.

이를 반영해서 요즘은 자신의 블로그 주소를 자기소개서에 기재해서 자신의 직무능력을 입증하고자 하는 학생도 있다. 기업에서도 이런 현상을 환영하고 있다.

청년대학생들은 SNS를 잘 활용할 줄 알아야 한다. 그런데 현실은 어떤가? 당장 여러분의 SNS활용 상태를 점검해 보자.

첫째, 페이스북이나 인스타그램 등의 계정을 확인하고 정비해 나가자. 단순히 재미로 올렸다 하더라도 예상치 못한 상황이 발생하여 내 발목을 잡을 수 있다. 따라서 SNS는 현명하게 활용해야 한다. 지금 당장 부정적인 내용이나 남에게 오해 받을 수 있는 내용들은 정비해 나가자.

둘째, 이메일 주소부터 확인해 보자. 장난 삼아 성(性)적 의미나 비속어를 이메일 주소로 사용하는 경우가 많다. 이런 경우 입사지원서를 접수할 때 지원서의 내용을 떠나 나쁜 이미지로 큰 손해를 볼 수 있다. 지금 당장 이메일 주소부터 바르게 잡아 나가야 한다. 이메일 주소가 퍼스널 브랜드 가치를 보여주는 시작이기 때문이다.

셋째, 이메일을 보낼 때 제목, 내용을 상대방이 알아보기 쉽도록 작성하자. 기업체 담당자는 수많은 입사지원서를 이메일로 받고 있다. 제목만 보고도 무슨 내용인지 알기 쉽게 적고, 본문 내용도 5줄 정도는 기입하는 것이 좋다. 다음과 같이 말이다.

제목 : ○○○회사 ○○부문 입사지원자 ○○대학교 홍길동

내용 : 안녕하세요?

○○ 부분에 지원한 ○○ 대학교 ○○○과 4학년 홍길동입니다.

첨부한 입사지원서를 검토하시고 문의사항이 있으시면

연락처 010-○○○○-○○○○으로 언제든 연락 바랍니다.

면접 때 뵙기를 기대합니다.

○○대학교 홍길동 드림

장점으로 블루오션을 찾아라

"교수님, 저는 추진력이 장점입니다. 제가 할 수 있는 것은 다 해보려 합니다."

진로상담으로 찾아온 경영학부생 김탄휴 군의 말이다. 27세에 제대하고 3학년으로 복학했다. 졸업은 동기들보다 3~4년 정도 뒤쳐져 있었고 학과 성적표에도 C가 가득했다. 심지어 '스펙'에 해당하는 각종 자격증과 시험 성적, 공인 인증 영어 성적도 내세울 게 없었다.

부산에서 태어난 김군은 초등학생 때부터 고등학교 2학년 때까지 거의 9년 간 산악자전거 선수 생활을 했다. 대통령상, 문화부장관상도 여러 차례 수상했다.

"운동선수로 살아남으려면 세계를 무대로 싸워나가야 하는데, 저는 한국 1등도 따라잡기 힘들었어요. 저는 세계에서는 성공할 실력을 갖춘 선수가 아니라는 판단을 했어요."

그는 고3때 수능을 준비했다. 첫 모의고사에서 전교 꼴등에 가까운 성적을 받았다. 하지만 그는 포기하지 않고 1년간 끝없이 노력한 끝에 정시 논술전형으로 국민대학교 경영학부에 입학했다. 자신의 장점에 대해 얘기해 보라고 했을 때 그는 잠시의 고민도 없이 말했다.

"저는 일단 생각을 품으면 실행에 옮기는 걸 잘 합니다. 그리고 결심한 것을 이루기 위해 다른 것들을 끊어내는 것, 즉 결단 내리는 일을 남들보다 잘하는 것 같습니다."

그는 자신이 말하는 장점을 그동안의 행동으로 충분히 증명하고 있었다.

"그래, 앞으로 본인의 장점을 어떻게 살려 나갈 것인가?"
"교수님, 지금 제 나이에 제가 할 수 있는 것, 특히 저를 성장시킬 수 있는 것은 다 해보려 합니다. 그런 과정에서 또 저의 장점을 찾을 수 있지 않을까요?"

김군은 학교에서 진행하는 모든 창업 관련 프로그램에 참여하면서 기업가 정신을 키웠다. 교육 소셜 벤처 스타트업 '마이리틀유니버스'로 600:1 이상의 경쟁률을 뚫고 현대자동차 그룹의 기프트카

지원 사업에 선정되었다.

그는 결단력과 실행력이라는 자신의 장점을 적극 활용하여 남들이 가지 않는 길을 누구보다 빠르게 찾아갔다.

김군이 창업에 관심을 가지기 시작할 무렵부터 나는 꾸준히 4차 산업혁명에 대한 대비를 해야 한다고 조언했다. 매번 면담할 때마다 블록체인, 빅데이터, 인공지능 쪽의 사업모델을 끊임없이 생각하면서 배움을 멈추지 말아야 한다고 강조했다. 그는 2018년 초 블록체인 미디어 회사를 공동설립하였고, 지금은 'VESTELLA'라는 블록체인 회사의 마케팅 이사로 영역을 확장하고 있다.

김탄휴 군은 청년대학생들이 스스로의 장점을 파악하고, 그 장점을 활용 가능한 자신만의 블루오션을 찾는 것이 얼마나 중요한지 보여주고 있다. 3~4년 늦게 대학을 졸업하고 세상에 나간 청년이 오히려 빠르게 자리를 잡을 수 있었던 것은 자신의 '결단력과 추진력'이라는 장점으로 블루오션을 찾은 덕분이다.

미국 하버드 대학의 최고 명강의 중 하나인 긍정과 행복심리학을 강의하는 탈벤 샤하르 교수는 성공한 학생들을 연구하면서 몇 가지 공통점을 발견했다고 한다. 그가 발표한 성공한 사람의 특징은 다음과 같다.

- 단점보다는 장점을 발전시키는데 집중한다.
- 삶에 대한 신념이 강하고 자신의 인생을 무척 의미 있는 것으로
  설정한다.
- 적극적인 목표로 사회와 미래를 설계한다.

여기에서 주목할 것이 단점보다 장점을 발전시키는데 집중한다는 것이다. 우리가 만난 학생들은 이와 반대로 단점을 보완하기 위해 청춘을 허비하는 경우가 많았다. 참으로 안타까운 일이다.

청년대학생들이여,
그대만의 장점을 활용하여 세상에 오직 그대만이 힘을 발휘할 수 있는 자신만의 블루오션을 찾아라!

누구를 위한 자기소개서인가?

"왜 이 회사가 나를 뽑아야 하나?"

"솔직함이 스펙을 이긴다, 경험을 구체적으로!"

자기소개서는 내가 내세우고 싶은 것이 아닌 기업이 관심을 갖고 알고 싶은 것에 초점을 맞춰 작성해야 한다. 기업의 관점에서 직무와 연관된 자신의 역량을 입증해야 한다.

자기소개서는 자신만의 유니크한 완성된 성공, 또는 실패 스토리를 직무와 연관시켜 작성하는 것이 좋다. 성공뿐 아니라 실패라도 사례를 통해서 느끼고, 배우고, 성장한 과정을 드러낼 수 있다면 더욱 매력적이다. 그 과정을 '진정성'이 느껴질 수 있도록 표현해야 한다.

솔직함이 스펙을 이긴다. 기존의 좋은 자기소개서라고 발표된 글이 멋지다고 그것을 인용하는 것은 절대 바람직하지 않다.

"My Story, More Detail! 나의 이야기를 구체적으로!"

상대방이 상황을 이해하고 공감할 수 있도록 나의 경험을 구체적으로 쓰는 것이 좋다. 구체적인 경험을 통해 자신이 배우고 느낀 점과 향후 활용방안이나 각오를 서술하면 좋다. 자신이 행한 행동은 디테일하게 작성해야 한다.

(1) 미국에 어학연수를 다녀왔습니다.

(2) 2018년 1월부터 6개월간 미국 샌프란시스코에 있는 OO대학에 교환학생으로 다녀왔습니다. 기간 중 미국 학생뿐만 아니라 5개 국가에서 온 친구들을 사귀었고, 쇼핑, 여행 등을 같이 하면서 이국 문화를 경험해 보았고, 지금까지도 8명의 친구들과 SNS를 통해 연락을 주고받고 있습니다.

여러분이라면 누구에게 더 좋은 평가를 하겠는가?

자기소개서는 직무와 연관된 자신의 스토리를 구체적으로 써야 한다. 인턴이나 현장실습, 캡스톤디자인, 자격증 취득 목적과 과정, LAB 활동, 공모전 참가, 교수과제 리포트, 어학연수, 여행, 봉사활동, 아르바이트, 동아리 활동, 학생회 활동, 기자활동 등을 소재로 활용할 수 있다.

자기소개서에서 요구하는 공통질문에는 자신에 대한 소개, 자신의 장점 또는 단점, 지원동기, 입사 후 포부 등이 있다. 요즘은 사회현상에 대한 자신의 견해나 살아오면서 어려웠던 경험과 극복과정, 또는 문제해결 경험 등에 대한 질문도 증가하고 있다.

어떤 항목이라도 다 직무와 연관 지어 서술해야 한다. 장단점을 예로 든다면 자신의 핵심역량을 직무와 연계해서 장점을 어필해야 하고, 단점은 그것을 극복하고자 노력했던 경험과 그 과정에서 얻은 것을 서술함으로써 자신의 진실성을 드러내야 한다. 직무연관성을 고려하지 않고 솔직하게 자신의 단점을 드러냈다가는 오히려 자신이 합격해서는 안 될 이유를 스스로 고백하는 것과 같다는 것을 명심해야 한다.

지원 동기도 마찬가지다. 지원한 회사에 대한 이해 정도와 자신의 보유 직무능력과 목표를 제시해서 회사와 자신이 윈윈(Win-Win)할 수 있다는 의지와 열정을 표현해야 한다.

입사 후 포부도 그저 열심히 하겠다는 표현보다 현실에 안주하지 않고 직장생활을 통해 자신의 목표를 완성해 나가는 의지를 표현하며 자신과 회사 모두에게 도움이 되는 일을 하겠다는 포부를 밝히는 것이 좋다.

다음은 2018년 하반기 삼성전자 지원서의 자기소개서 질문항목이다.

Essay 1 삼성전자를 지원한 이유와 입사 후 회사에서 이루고 싶은 꿈을 기술하십시오. 700자 (영문작성 시 1400자) 이내

Essay 2 본인의 성장과정을 간략히 기술하되 현재의 자신에게 가장 큰 영향을 끼친 사건, 인물 등을 포함하여 기술하시기 바랍니다. (※작품 속 가상인물도 가능) 1500자 (영문 작성 시 3000자) 이내

Essay 3 최근 사회이슈 중 중요하다고 생각되는 한 가지를 선택하고 이에 관한 자신의 견해를 기술해 주시기 바랍니다. 1000자 (영문작성 시 2000자) 이내

Essay 4 프로그램 개발, 알고리즘 풀이 등 SW개발 관련 경험 중 가장 어려웠던 경험과 해결방안에 대해 구체적으로 서술하여 주시기 바랍니다. (과제 개요, 어려웠던 점, 해결방법, 결과 포함) 1000자 (영문 작성 시 2000자) 이내

자기소개서에서 요구하는 글자 수는 계속 변화, 진화했다. 과거에는 500자 이내로 질문에 답하는 항목도 있었지만, 변별력이 없어서 점점 글자수가 늘어났다.

강소기업에서 '사람인'에 작은 배너로 채용공고를 게시하는데 광고비로 약 300만 원을 지불한다. 기업 입장에서는 아까운 돈이지만, 좋은 인재를 채용하려고 투자하는 것이다. 이렇게 채용공고를 내면 많을 때는 300여 명이 지원한다. 접수된 지원자의 입사지원서와 자기소개서를 출력하면 약 1미터 높이의 서류 덩어리가 쌓인다.

지원자 입장에서는 취직하겠다는 일념으로 한장 한장 신중하게 작성한 귀중한 자료다. 그러나 기업의 입장에서 이것을 전부 검토하는 것은 여간 고역이 아니다. 업무로도 엄청나지만 좋은 인재를 채용해야 한다는 심적 부담도 엄청나다. 10명을 채용한다면 3배수만 해도 30명을 추려야 한다. 서류에서만 270명 이상을 떨어뜨려야 한다. 정말 힘든 일이다.

인사담당자와 3~4명의 부서장이 모여서 서류심사를 한다. 그 중에 한 명이라도 어떤 이유를 들어 문제를 제기하면 그 지원자는 서류에서 탈락 시킨다. 자신의 바쁜 고유 업무를 두고 하루를 할애해서 입사지원서 검토를 하는 부서장 입장에서는 모든 서류를 자세히 전부 보고 싶어도 그럴 수 없는 형편이다.

　이력서를 간략히 보고 자기소개서의 장단점, 수행 경험, 보유역량, 지원동기, 입사 후 포부 등을 읽어 내려갈 때 앞에서 눈길을 사로잡지 못하면 더 이상 읽기도 힘든 것이 사실이다.

　그래서 자기소개서는 중요한 정보를 앞에 배치해야 한다. 이것을 두괄식, 또는 연역식 구성이라 한다. 바쁜 서류심사자들의 눈길을 사로잡기 위해 자기소개서는 반드시 중요한 정보는 앞에 배치해야 한다는 것을 명심하자.

면접, 자신감으로 준비하라

"외워서 답하지 말고 자신감으로 승부하라!"

전자공학을 전공한 학생이 내일 제약회사 영업직 면접이 있다며 급하게 면담을 요청하는 문자 메시지를 보냈다. 연구실로 찾아와 마주앉은 학생은 자기소개서와 면접 스토리를 내밀었다. 그러면서 자기소개서를 참고로 자신이 작성한 면접 스토리를 점검해 달라고 했다. 자기소개, 지원동기, 영업사원으로서 어떻게 영업을 전개할지 등에 대한 내용이 담겨 있었다.

솔직히 기분이 나빴다. 진로설계 전반에 걸친 자문을 구하거나 면접지도를 해달라는 것도 아니고 단순히 자신이 작성한 원고를 검토해 달라는 학생의 태도가 마음에 들지 않았지만 내색을 않고 대화를 시도했다.

"취업면접은 몇 번째지요?"

"처음입니다."

"그럼 면접연습은 해본 적이 있나요?"

"지난 1학기 때 학생처 주관으로 실시한 취업캠프에서 자소서 작성법과 모의면접을 해봐서 면접은 제가 알아서 할 수 있습니다."

자신감이 넘치기에 본인이 작성한 내용으로 면접 연습을 해보자고 했다. 면접장에 들어가서 인사하고 앉는 것부터 모의면접을 시도해 봤다. 예상대로 면접장에 들어와서 인사하고 자리에 앉는 일련의 과정과 인사법, 면접 중 앉아 있는 자세와 태도, 시선처리, 손놀림, 면접대화의 콘텐츠는 물론 억양, 말의 마무리 등에서 미숙한 부분이 많았다. 내가 면접관이라도 뽑지 못할 수준이다.

질문에 대한 답변은 어떠한가? 면접관의 질문에 대한 답을 하기보다 본인이 준비한 원고를 외워서 답하는데 급급했다. 전공과 무관하지만 학교에서 창업동아리 활동을 하며 많은 사람을 만난 경험이 있어서 사람 대하기를 잘했기에 영업도 잘 할 수 있다며 제약회사 영업부에 지원한 동기를 역설하려 했다.

학생은 면담을 요청하면서 보여주었던 자기중심적인 행동을 그 자리에서 그대로 보여 주었다. 다음날 면접을 보러 가는데 차마 안 좋은 이야기를 해줄 수 없어서 나름대로 장점을 부각시키며 잘 보고 오라고 했지만 씁쓸한 마음을 달랠 수 없었다.

결과는 걱정한 그대로였다. 학생은 제약회사 면접에서 탈락했다. 상담하는 교수의 입장도 생각하지 못한 태도를 면접장에서도 그대로 보여주었을 것이라 생각하니 안타깝기만 했다.

면접도 자기소개서처럼 내가 내세우고 싶은 것이 아닌 기업이 관심을 갖고 알고 싶은 것에 초점을 맞춰 대답해야 한다. 기업의 관점에서 직무와 연관된 자신의 역량을 면접을 통해 보여줘야 한다. 내가 하고 싶은 말보다 상대방이 듣고 싶은 말을 할 줄 알아야 한다. 상대의 말을 잘 듣고 상대가 하는 질문의 핵심을 잘 파악한 후에 대답해야 한다. 질문을 잘못 들었을 때는 한 번 더 말해 줄 것을 요청하는 것도 나쁘지 않다. 그것을 통해 소통능력을 보여줘서 더 좋은 평가를 받을 수도 있다.

면접은 연출이 필요한 협상이다.
충분한 준비과정을 거쳐야 성공할 수 있다.
준비를 위한 첫 단계로 면접 상황을 상상해 보자.

면접은 대개 아침 9시부터 저녁 6시까지 이뤄진다. 중간에 점심시간 한 시간을 뺀 8시간 동안 여러분이 면접관이라면 과연 몇 명을 대면할 수 있겠는가? 1대1 면접이든 1대n 혹은 n대1 또는 n대n 면접이든 한번 면접을 보는데 최소 20분 이상 걸린다. 평균 30분을 잡는다면 하루 8시간 동안 16번을 볼 수 있다. 응시자뿐만 아니라

면접관 입장에서도 부담되는 과정이다.

면접관들은 면접 진행시간 전에 별도로 면접방법에 대한 교육을 받는다. 우리도 과거 삼성에서 신입사원이나 경력사원 채용면접에 면접관으로 차출되어 면접을 볼 때 면접 1시간 전에 면접장에 도착해야 했다. 면접자보다 더 일찍 일과를 시작하는 것이다. 그러다 보니 간혹 면접장에 나타나지 않는 응시자가 있으면 고마운 마음이 들 정도였다. 그만큼 면접관들도 힘이 든다. 면접을 볼 때 응시자의 말과 태도를 보면서 먼저 입사한 신입사원들의 얼굴을 떠올리며 이 친구는 누구랑 비슷한 성향이겠구나 생각하며 평가를 했던 기억이 새롭다.

중견대기업은 전문 인사담당자나 현업에서 차출된 부서장들이 직무면접, 프레젠테이션면접, 토론면접 등 다양한 면접을 실시한다. 인성면접은 임원이나 대표이사가 직접 보기도 한다.

중소기업에서는 사장을 비롯해서 임원, 사업부장 등 부서장이 총동원되어 하루 종일 면접을 본다. 머릿속으로는 지난 번에 잘못 뽑은 인력 때문에 고생했던 생각을 하며 다시는 그런 실수를 안 하겠다고 다짐하며 면접장에 앉아 있을 확률이 높다.

이런 면접관을 응시자는 어떻게 대해야 하겠는가? 짧은 시간이지만 자신에 넘치는 눈빛과 표정으로 진실함을 전달해야 한다. 면접관에게 자신의 진실함이 전해지도록 심혈을 기울여야 한다.

이때 필요한 것이 적절한 연기력이다.

연기력을 갖추기 위해서는 절대적으로 연습이 필요하다. 경험이 많을수록 연기력이 느는 것처럼 면접도 자꾸 연습해봄으로써 능숙해질 수 있다.

그렇기 때문에 면접은 평소에 경험 있는 사람으로부터 모의면접 지도를 받으며 꾸준히 연습해야 한다. 그러다 보면 없는 자신감도 생기기 마련이다.

면접, 연습을 통한 자신감으로 승부하자.

지금 당장 비전 보드를 만들자

"지금 잠을 자면 꿈을 꿀 수 있지만 지금 공부하면 꿈을 이룰 수 있다."

- 하버드대학교 도서관

인생은 꿈을 꾸고 그것을 이루겠다는 작은 실천을 하는 데서 시작한다. 오늘 내가 나무 그늘에서 쉴 수 있는 것은 어제 누군가가 나무 그늘에서 쉬겠다는 꿈을 꾸고 나무를 심었기 때문에 가능한 일이다. 인생에서 원하는 것을 얻기 위한 첫 번째 단계는 먼저 꿈을 꾸고 그것을 이루기 위해 무엇인가 작은 것부터 실천하는 데서 시작한다.

꿈은 마음과 몸을 움직이게 하는 강력한 에너지다. 지금 행동하지 않으면 후회할 것이라고 일깨워주는 것이 꿈이다. 그런데 꿈을 꾸면서도 스스로 허황된 꿈이라고 생각하고 덮어버리려는 경우가 있다. 이것은 진정한 꿈이 아니다. 그저 망상일 뿐이다.

꿈에는 믿음이 있어야 한다. 꿈을 이루려면 의미 있는 목표를 설정하고 한 단계 한 단계 차분하게 전진하게 하는 강한 믿음이 있어야 한다.

"비전은 자신이 누구이고, 어디로 가고 있으며, 무엇이 그 여정을 인도할지 아는 것이다."
- 켄블랜차드 『비전으로 가슴을 뛰게 하라』

"비전이란 우리들이 계속 앞으로 나아가도록 해주는 것이다."
- 앤드류 매튜스

비전이란 도달하고자 하는 미래에 대한 구체적인 꿈을 의미한다. 꿈을 이루기 위해서는 구체적이고(Specific), 측정가능(Measurement)하며, 달성 가능하고(Attainable), 현실성(Realistic)이 있으며, 시간설정(Time bound)이 분명한 비전이 있어야 한다.

기업체는 존재이유, 성장방향, 그리고 경쟁우위 원천이 내포된 비전을 설정하여 이를 달성하기 위한 미션(Mission), 액션플랜(Action Plan), 또는 액션아이템(Action Item)을 설정한다.

그리고 비전 달성을 위해 모든 조직원들이 공유하면서 중장기 전략과 매년 수많은 전략을 수립하고 추진한다. 목표를 이루기 위해 반기·분기·월·주 단위로 끊임없이 성과를 점검해 나간다.

우리는 삼성에서 오랜 기간 근무하면서 매년 회사, 부서의 경영계획을 수립하고, 중장기 전략과 비전, 미션, 액션플랜을 수립하며 수많은 노력을 기울였다. 그리고 지금은 남은 인생에서 우리가 할 일, 할 수 있는 일을 생각하며, 새롭게 꿈과 비전을 그리며 대학강단에 서고 있다.

젊음은 이 세상 모든 것을 이룰 수 있다는 꿈과 비전을 새길 수 있는 특권이 있다. 이 세상에서 자신을 이길 수 있는 것은 없다. 진정 자신이 하고 싶은 것, 잘하는 것, 원하는 꿈과 비전이 무엇인지 그려봐야 한다.

가급적 구체적으로 나만의 비전 보드를 만들어 보자. 지금 심어 놓은 나무 하나가 내일에 편히 쉴 수 있는 나무 그늘을 드리워 준다.

> **나에게는 꿈이 있습니다!**
> 그것은 (__어떠한__) (__직업인/사회인__)이 되어
> (__어떤__) 일을 하는 것입니다.

비전 보드를 예로 들면 이렇게 작성할 수 있다.

나에게는 꿈이 있습니다.

그것은 창의적이고 혁신적인 엔지니어가 되어

친환경 자동차 엔진을 만드는 일을 하는 것입니다.

나에게는 꿈이 있습니다.

그것은 사회적 기업을 운영하는 성공한 기업인이 되어

우리 사회에 도움이 되는 일을 하는 것입니다.

지금 당장 빈 칸을 채워 나만의 비전보드를 만들자.

나에게는 꿈이 있습니다!

그것은 (_____) (_____)이 되어

(_____) 일을 하는 것입니다.

비전보드를 만들었으면 이제 가슴에 새겨보자. 그리고 매일 비전보드를 그려가며 실천해보자. 핸드폰 화면에 비전보드를 띄우고 핸드폰을 볼 때마다 챙겨보면 더욱 좋다.

회사를 경영하듯 나를 경영해서 자신의 가치를 극대화시키자.

SNS는 현명하게 활용하자.

자신의 가치를 높이기 위해 장점을 활용하여 자신만의 블루오션을 찾자.

비전보드를 작성해서 마음에 새기자.

진정 자신이 하고 싶은 것, 잘하는 것, 원하는 꿈과 비전이 무엇인지 지금 당장 '나의 비전 보드'를 만들어 잘 보이는 곳에 놓고 항상 점검해 보자.

행동하며 실천하는 대학생활을 위한 Big3 키워드

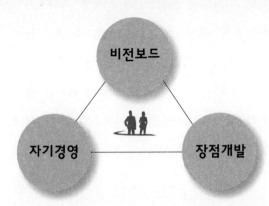

비전보드

자기경영 ─── 장점개발

왜, 같은 스물 다른 인생인가?

같은 학교, 같은 학과에서 평균학점도 비슷한 두 사람이 같은 기업에 응모했는데 한 사람은 합격하고 한 사람은 낙방하는 일이 자주 벌어진다.

"왜 이런 차이가 나타나는 걸까?"

스무 살 즈음의 시간에 무엇을, 왜, 어떻게 했느냐에 따른 차이다. 그런데도 그 차이를 '외모, 인적성 시험, 자기소개서, 면접에서의 태도와 말솜씨, 인성, 스펙, 학교생활기록'에서 찾는 이들이 많다. 하지만 그 차이를 이렇게 찾는 것은 문제가 있다. 실제로 대학에서 우수한 성적의 학생들이 취업에서 실패하는 경우가 흔하다. 이에 반해 학점은 좀 부족해도 다른 요소가 우수해서 합격하는 경우가 많다. 학벌, 학점, 자격증 등은 더 이상 그것만으로 취업을 보장하지 않는다.

이 책을 본 청년대학생들은 이제 다른 시각에서 그 차이를 찾을 수 있어야 한다. 핵심은 기업의 관심사에 얼마만큼 적합한 인재인가에 달려 있다. 즉 당신이 회사에 도움이 되는 인재라는 믿음을 보여줘야 한다는 것이다. 스펙은 좀 부족하더라도 기업에 맞춰 자신이 적합한 인재라는 것을 차별화해서 보여줘야 합격할 수 있는 것이다.

창업도 취업을 준비하는 관점으로 준비해야 한다. 기업가 정신, 즉 '실행하고 시도하며 도전하는 정신'으로 자신을 경영하지 못하면 창업은 결코 성공할 수 없다. 소비자의 관심사에 얼마만큼 적합한 일인가에 신경을 써야 한다. 따라서 창업을 꿈꾼다면 더더욱 이 책에서 다루고 있는 삼성이 변화에 대처했던 〈신경영〉의 정신으로 자신을 경영해 나가야 한다. 분명하게 자신의 인생을 설계하고 그대로 행동해나갈 수 있어야 한다.

이 책은 갈수록 힘들어지는 채용시장에서 학창시절 내내 취업으로, 또는 창업으로 고민하는 청년대학생들을 위해 기획되었다. 오늘보다 나은 미래를 위해 노력하는 청년들, 부모나 기성세대들이 시키는 대로 열심히 노력하는 착한 청년들, 누구 못지않게 열심히 살았는데 사회진출을 앞두고 무엇을 어떻게 해야 할지 몰라 방황하는 청년대학생들이 길을 찾는 이정표가 되었으면 하는 바람을 담았다.

삼성 〈신경영〉의 핵심은 실천이다. 의식의 변화를 이끌기 위해 먼저 출퇴근 시간을 바꿨고, 초일류기업의 초석을 다지는 스피드 경영을 이룬 것은 모두 다 이론을 뒷받침하는 구체적인 행동을 이끌어낸 결과였다.

이 책에는 따라만 해도 성공을 이룰 수 있는 삼성의 성공DNA가 오롯이 담겨 있다.

이 책은 단순한 이론서가 아니다. 부디 하나라도 따라 해서 행동의 변화로 이어졌으면 하는 바람이다.

기억하라!

위기는 항상 기회와 함께 온다.

또한 기억하라!

앞서 행동하는 자만이 뜻을 이룬다.

오늘 바로, 지금 당장 행동하자!